北京宣传文化引导基金
BEIJING CULTURE GUIDING FUND
北京宣传文化引导基金资助项目

「北京文化新视点」丛书

日常与狂欢

北京的传统节庆活动

牛杰 编著

首都经济贸易大学出版社
Capital University of Economics and Business Press
·北京·

图书在版编目（CIP）数据

日常与狂欢：北京的传统节庆活动 / 牛杰编著. --北京：首都经济贸易大学出版社，2021. 11
ISBN 978-7-5638-3279-8

Ⅰ. ①日… Ⅱ. ①牛… Ⅲ. ①节日—庆祝活动—介绍—北京 Ⅳ. ①K892. 1

中国版本图书馆 CIP 数据核字（2021）第 188784 号

日常与狂欢：北京的传统节庆活动
牛　杰　编著
RICHANG YU KUANGHUAN：BEIJING DE CHUANTONG JIEQING HUODONG

责任编辑 徐燕萍
封面设计 砚祥志远·激光照排 TEL：010-65976003
出版发行 首都经济贸易大学出版社
地　　址 北京市朝阳区红庙（邮编 100026）
电　　话（010）65976483　65065761　65071505（传真）
网　　址 http://www. sjmcb. com
E-mail publish @ cueb. edu. cn
经　　销 全国新华书店
照　　排 北京砚祥志远激光照排技术有限公司
印　　刷 唐山玺诚印务有限公司
成品尺寸 170 毫米×240 毫米　1/16
字　　数 212 千字
印　　张 10. 5
版　　次 2021 年 11 月第 1 版　2021 年 11 月第 1 次印刷
书　　号 ISBN 978-7-5638-3279-8
定　　价 49. 00 元

“北京文化新视点”丛书

总　序

现代世界的发展变迁进程表明，文化作为一个国家的根，一个民族的魂，记录着历史走向的足迹，牵系着时代跃动的脉搏，是现代经济社会发展的强大推动力。发达程度越高，文化的支撑作用就越明显。正如联合国教科文组织所指出的，“发展最终应以文化概念来定义，文化的繁荣是发展的最高目标”。因此，历史、传统、民俗等文化资源日益成为经济发展的基础资源，创意、设计、构思等文化创新日益成为价值创造的重要支点，品牌、形象、信誉等文化形态的无形资产日益成为市场竞争的关键所在。文化与经济相融合产生的竞争力，已成为一个国家最根本、最持久、最难替代的竞争优势。中国国家主席习近平也一再强调，“文化自信，是更基础、更广泛、更深厚的自信，是更基本、更深沉、更持久的力量”，“中华优秀传统文化是我们最深厚的文化软实力，也是中国特色社会主义植根的文化沃土”。

中华文化的博大精深举世公认，中华文明的璀璨辉煌历久弥新。尤其是北京，作为一座具有 3 000 年建城史、近 900 年建都史的著名古都，一座充满生机和活力的现代化国际大都市，文源深、文脉广、文气足、文运盛，具有特色鲜明而又内涵深厚的文化底蕴。可以说，北京文化是中国文化重要的顶梁柱，也是向世界展现中国文化的耀眼的金名片。飞檐斗拱与一池风月的相映生辉，诉说着北京的前世今生；天棚鱼缸石榴树与车水马龙立交桥的融会成趣，编织出北京的市井万象；百年老号的烟火气在诱惑你的味蕾，京腔京韵的儿化音让你的听觉充满乐趣……北京是传统的，也是现代的；是中国的，也是世界的；是中国人民向往的，也是每一个喜爱中国的外国友人垂青的。因为从这里，你可以逐渐地读懂中国！

北京很大，中国更大。要真正了解北京，读懂中国，你也许会行万里路，但依然不能少的是读万卷书。这套“北京文化新视点”丛书，正是按照北京作为政治中心、文化中心、国际交往中心和科技创新中心“四个中心”的城市功能定位，由首都经济贸易大学国际学院策划，并组织常年工作在北京的老师编写的一套面向留学生和外国人群体，介绍、传播北京文化乃至中国文化的读本。基于

“北京元素国际制作”和“北京故事国际表达”的初衷，丛书的编撰立足两点：一是注重小切口，以北京文化为主要内容，以点带面，通过北京这个最为世界人民熟悉的文化窗口，呈现北京深厚的文化底蕴和充满活力的现代气息、流光溢彩的国际化气质，进而使人去感受古老中国的优秀文化和当代中国的蓬勃活力；二是突出“新视点”，即以全新的视角、理念和阐述方式来传播北京文化，以更接地气、更具亲和力的方式，讲好北京故事、中国故事。

来华留学生是为自己的国家学习和了解中国文化的重要群体，是架起中国和所在国家友谊桥梁的光荣使者。首都经济贸易大学 1986 年开始招收第一批留学生，目前已经形成相对完整的来华留学生教育培养体系，生源来自世界近百个国家和地区。一大批知华、爱华、友华、亲华的国际学生，已经通过各种课程的研修和系统学习，成为中国文化的知音，北京文化的“粉丝”。

在当今世界面临百年未有之大变局之际，中国作为世界和平的建设者、全球发展的贡献者、国际秩序的维护者，一直在积极推动不同文化的交流和互鉴，也在维护一个开放、包容、和谐、进步的世界方面发挥着越来越重要的作用。要知晓作为世界第二大经济体的国家的首都是如何在人类文明发展中虽历经沧桑但依然风华永驻的，不妨翻开这套丛书去寻找答案，意蕴深厚的文化密码，就在其中。

“北京文化新视点”丛书编委会

2021 年 8 月

前言

北京，自金元以来成为古代王朝的都城，已经有800多年的历史了。达官显贵、文人墨客、巨商富贾从全国各地来到北京，他们在京城为仕途奔波，为理想奋斗，为生计打拼，也将各地的风俗带到了京城。正是这个缘故，北京的节庆活动越来越丰富，渐渐形成了独具特色的节庆文化。民俗专家称，北京的节庆风俗呈现出宫廷与民间共享、汉族与少数民族共存、北方与南方融合的一种独特状态。如今，随着文化交流的深入，国外的一些节日活动也开始进入北京居民的生活，这给北京的节庆活动增添了新的色彩。

据不完全统计，中国目前有全国性、地方性和民族性的传统节日200多种，其中最主要的有春节、清明节、端午节、七夕节、中秋节、重阳节等六种。中国传统节日根源于中国古代农耕文化。据史籍记载，春节在唐虞时叫“载”，夏代叫“岁”，周代才叫“年”。“载”“岁”“年”都是指谷物的生长周期，谷子一年一熟，所以春节一年一次，含有庆丰收的寓意。六月初六是农民非常看重的一个节气，此时气温高，光照足，雨水充足，谷子等作物已开始抽穗，于是就有了辈辈相传的农谚：“六月六，看谷秀，揭开包子一包肉。”所谓看谷秀，就是看谷子抽穗，意思是六月初六这一天，家家户户都要吃一顿肉包子，希望谷子长得像包子那样饱满、充实。

对大自然的崇拜是先民最原始的崇拜形式之一，这里的大自然主要指太阳、月亮、大地、动物、植物等。原始先民都相信自己的氏族与某种动物、植物之间存在一种特殊的亲密关系，进而把它作为氏族崇拜的对象。端午节赛龙舟的习俗体现了人们对龙图腾的崇拜。

中国长期处在宗法制的社会形态下，在宗法制度下，人们非常讲究礼教德治，无论是祭祖、扫墓，还是拜月、登高，都有严格的仪式。正是通过节庆活动中那些敬天祭祖的一系列仪式，人们建立起长幼尊卑、贵贱有别的社会关系，培育出对天地的敬畏之心。

在长期的发展过程中，精忠爱国的文化精神成为中国传统观念中的精髓，介子推的传说、屈原投江的传说成为寒食节、端午节的起源。“富贵不能淫，贫贱不能移，威武不能屈”，这种精神孕育和造就了中国历史上无数仁人志士、英雄豪杰。

中国是一个多民族的国家，在漫长的历史进程中，各族人民之间的政治、经济联系和文化交流从未间断过，很多少数民族的节日受到了中原地区汉族历法和节庆活动的影响。例如，满、蒙、藏、苗、彝、畲、锡伯、朝鲜、土家、达斡尔等 20 多个民族都过端午节，只是过节的形式更有自己的民族特色。拿苗族来说，在五月初五“龙舟节”上，除举行龙舟竞渡外，还举行跑马、斗牛、踩鼓和“游方”等活动。男女青年在芦笙、竹笛、月琴等乐器伴奏下，翩翩起舞。出嫁的姑娘，在这一天要带上鸡鸭、粽粑回娘家省亲。源于中原的“上巳节”进入宋代在汉族地区就销声匿迹了，而南方一些地区的少数民族和邻国日本却将其传承下来，并融入了各自的特色。节庆活动中的食品更是文化交流的产物。例如，至今还流行的甜点“萨其马”，原来是满族的一种点心，后来被老北京人接受。中国传统节日有几千年的历史，在长期的发展过程中，不断与其他文化交汇、互撞、整合、创新，使原有的节庆活动形式更加多样、内容更加丰富，这正是传统节日具有强大生命力与凝聚力的表现。

本书把北京的传统节日活动按照春夏秋冬的自然顺序分为十二个节庆主题。在传统民俗中，正月初一、二月初二、三月初三、五月初五、六月初六、七月初七、九月初九这些月与日重叠的节日，占去了十二个月中重要节日的一半以上。另外，正月十五、八月十五是一年中盛大的节日，已经成为中华民族重要的生活内容了。这些节庆活动，渗透着老北京人对人与人、人与社会以及人与自然的见解，包含着祭祀、团圆、友爱、享乐等多层含义，表达了人们敬天地、敬祖先，以及追求和谐的生存观念。透过这些节庆活动，我们能深切地感受到文化传统在老北京人日常生活中所占的举足轻重的地位。

目录

第一章 春节

导语

春节是中国民间最隆重、最盛大的传统节日，在千百年的传承中积累了丰厚的文化内涵。春节凝聚着中国人的生命追求和情感寄托，传承着中国人的社会伦理观念。

春节的节庆活动以祭神、祭祖和祈福为中心，人们通常会上香进贡、叩拜行礼，各种仪式庄重肃穆、一丝不苟。春节是民众娱乐狂欢的节日。除夕之夜，鞭炮齐响，烟花满天，辞旧岁、迎新年等各种庆贺活动达到了高潮。正月初一，各种丰富多彩的娱乐活动竞相开展，集祈年、庆贺、娱乐为一体的春节节庆活动就此拉开了大幕。这期间，花灯满城，游人满街，热闹非凡，一直要闹到正月十五元宵节之后，春节才算真正结束。

中国人过年的历史很悠久，在传承发展中已形成了一些较为固定的习俗，许多习俗还相传至今，如放爆竹、贴春联、贴“福”字、扫尘、拜神祭祖、吃年夜饭、守夜、拜年、烧香祈福、舞龙舞狮、逛庙会、吃元宵、赏花灯等。

受到中华文化的影响，世界上一些国家和地区也有庆贺新春的习俗。据不完全统计，已有近20个国家和地区把中国春节定为整体或者所辖部分城市的法定节假日。此外，中国的少数民族，如满族、蒙古族、藏族、彝族、壮族、苗族、傣族、侗族、白族、土家族等也都有过春节的习俗。

北京建都800多年来，以皇城为背景，形成了内涵丰富、博大精深的民俗文化。我们看到，在老北京的节庆活动中，蕴含着家人团聚的温馨、祈福驱灾的愿望、辞旧迎新的喜悦和对美好生活的憧憬。这是昔日生活在胡同里的老北京人留下来的一笔珍贵的文化遗产，相信这些习俗还会延续下去，给新一代北京人带来节日的欢乐。

春节是中国人最为重视的节日，是活动最丰富、持续时间最长、一年中最为隆重的节日。春节，是中国的农历新年，是一年之岁首，是传统意义上的“年节”，俗称新春、新岁、新年、新禧、年禧、大年等，口头上又称过年、过大年。

据说在夏朝的时候就已有春节这个节日了，那时候，中国人的祖先把农历的正月初一定为岁首。到了西周时期，出现了一年一度的欢庆农业丰收的活动。在新旧岁交替的时候，平民百姓都要在家中生火烧暖房子和炕头，用烟熏走老鼠，全家人团聚在一起，杀鸡宰羊，祝酒共贺。到了汉朝，将此日定为农历年，并称作夏历年，从此便世代相传延续到今天。也是在汉朝，春节的庆贺礼仪才有了正式的仪式，在除夕之夜，民众要举行一种驱鬼除瘟的击鼓舞蹈仪式。在辛亥革命时期，中国开始使用公历纪年法，把农历的正月初一正式定名为“春节”。

节庆活动

接财神爷

按照农历，新的一年是从大年初一子时开始的。在新的一年里，家家户户都有好多的期盼，其中最大的期盼就是能够把日子过得更好一点儿。各种福禄都归天上的神仙掌管，大年初一，天上的神仙要降临人间，老北京人在这时候要“接神”，把吉祥之神接进自己的家门，其中最重要的神仙就数财神了。因为有了钱才好过日子，而财神爷就是直接掌管钱财的神仙，所以老百姓对财神爷极为敬重。大年初一接神仙主要就是指接财神爷。

北京民间信奉的财神爷很多，有正财神赵公明、文财神比干和武财神关老爷。此外，还有“五显财神”。每家每户都怕财神爷被别人家给接走了，自己接不到，所以早早地就做好了准备，等候着午夜子时的到来。

老百姓过日子，在别的地方可以节省，但是在接财神、放鞭炮的时候却是尽其所能。午夜12点，各家各户鞭炮齐鸣。似乎是谁家的鞭炮放得多，谁家的鞭炮放得响，就会引起财神爷的注意。相传财神爷来自东方，人们在鞭炮声中向东方望空叩拜，迎接财神爷的到来，然后高举着红色的灯笼，在前边给财神爷照明引路，把财神爷往自己家里接，以防他老人家走错了路，跑到别人家里去。人们毕恭毕敬地把财神爷迎进自己的家里，把财神爷的牌位摆放好之后，拜年的其他活动才能开始。到了初二，人们一般要去财神庙祭祀财神，烧香上供，这天晚上，家家都要吃馄饨。过年这几天，大家都围着财神爷忙活着，对财神爷绝不敢怠慢。

拜年

中国人把农历正月初一作为一年的开始。旧时，除自家庆贺外，亲戚、朋友、同事和邻里之间从这一天开始要互相拜年，但只限于男人，妇女则要到正月初六才能外出拜年。这一习俗被称为“忌门”。据说，在大杂院儿，女人们见了面都互相作揖，道声“您新喜!”，可是谁也不去谁家里。有些老太太平日天天在一起张家长李家短的，可到了正月初二、初三见了面，决不会破了这个规矩，即使有人热情邀请，她们也总会婉言谢绝：“别价！大年下的，求个顺序，没几天啦！等破五（初五）过了再去吧!”

拜年一般先从家里开始，全家要先在祖宗牌位前磕头拜年，然后晚辈给长辈磕头拜年，祝福长辈健康长寿。家里的拜年活动结束后，还要出门给街坊邻居拜年，互相说些吉利话。

民间的互相拜年范围广，形式多。走亲戚，初一必须先到岳父母家，其他近亲拜年不限时间先后；同事、朋友间进行礼节性拜访时，平辈之间只需拱手作揖，对长辈则应主动跪拜；还可进行感谢性的拜访，凡在过去一年之中欠了人家情的，往往借拜年之机表示感谢；邻里间仅在院内彼此抱拳，说声“恭喜发财”，或在对方屋内略坐一会儿。据说，老北京人家家供着佛，进了门都得先冲着佛像磕上三个头，要是您不磕头，别人就会觉得您架子大。所以说，除非您不去别人家拜年，否则您就别怕磕头。拜了佛像，就该给老人们拜年了，一般要磕三个头，之后就会听到老人们的祝福：“您今年高升！”或者是说：“今年再得一个大胖儿子！”抑或是说：“您四季平安！”姑爷给老丈母娘拜年，带着媳妇、孩子，提着点心匣子、茶叶，老人们高兴得合不拢嘴。在老北京，有一句话非常流行，那就是“大年初一满街走”，这句话讲的就是老百姓大年初一拜年的事儿。

在过去的几十年里，北京人也跟中国其他地区的人们一样，经历了电话拜年、微信拜年的演变，互相走动得少了。然而各级工会都要组织领导看望离退休老同志的活动，在电视上还有中央领导人的团拜活动，让每年的春节充满了浓浓的情谊。

正月初二、初三，中国大部分地区都有回娘家的习俗。北京也是这样，嫁出去的女儿们都要带着丈夫和儿女回娘家拜年。

清代以前，人们的拜年方式主要是以下三种：一是叩拜，即跪拜磕头，现在在一些农村地区，晚辈给长辈，尤其是未成年人给辈分较高的长辈拜年时，还行这种礼；二是躬身作揖，作揖的姿势是双手抱拳前举，左手握右手，这称作“吉拜”，行礼时，不分尊卑，拱手齐眉，上下加重摇动几下，这种礼仪一般是晚辈向长辈或下级向上级拜年时所用；三是抱拳拱手，用左手抱右手，自然于胸前微微晃动几下，这种礼节多见于平辈之间的拜年，现在还有很多人用这种方式互相问候、祝福，成为春节里一道特有的风景线。

咬春

立春这一天，民间讲究要买个白萝卜来吃，俗称“咬春”。这一天，从一大清早，就有人挑着担子在胡同里吆喝“萝卜赛梨儿——辣了来换——”。那时候，再穷的人家也要买个萝卜给孩子咬咬春，老北京人认为立春这一天吃萝卜可以解春困。立春时吃的萝卜以脆嫩多汁的青萝卜为上，红心萝卜更佳。旧时认为，吃萝卜不仅可以解春困，还可以增强女性的生育机能，所以立春萝卜又称为“子孙萝卜”。

除了吃萝卜，还要吃春饼。旧时老北京咬春的风俗非常流行。春饼，又叫荷叶饼，其实是一种烫面薄饼。春饼是用来卷合菜吃的。北京人爱做炒合菜，即把韭黄、肉丝、粉丝、豆芽菜、嫩菠菜炒在一起，上面要是再盖上一张摊鸡蛋饼就是北京名吃“合菜戴帽儿”，北京人则称之为“金银满堂”。将其一起卷进春饼里吃，满口飘香。

新姑爷拜年

老北京有这样的习俗：如果是上一年刚刚结婚的新人，那么在正月初四这一天，姑娘要和新姑爷带上公婆准备好的点心、酒、烟和糖四种礼品回娘家。姑爷对于娘家来说是高贵的客人，娘家也会拿出最好的年货来招待新姑爷，这顿饭俗称“待新姑爷”。不光饭菜是上等的，陪客的人也是家族中最有威望的长辈，以表示娘家对姑娘和女婿的尊重。

饭桌上除了有喝酒的酒菜之外，一定要有饺子。在包饺子的时候，姑娘的妹妹、嫂子、弟媳妇等会专门包一只辣椒馅儿的饺子，等煮熟后，把盛着辣椒馅儿饺子的那碗专门放在新姑爷面前，新姑爷是不能不吃的。人们偷偷地看着新姑爷吃饺子，为的是看到新姑爷吃到辣椒馅儿的饺子时龇牙咧嘴的狼狈相。

酒足饭饱之后，姑娘和新姑爷要先给双方父母拜年，然后给女方的侄子侄女们压岁钱。最后，姑娘和新姑爷就会在女方兄弟的带领下，去给同一个姓氏的家族中的长辈拜年。给长辈拜年不但要作揖，还要磕头。如果听说谁家的新姑爷来了，邻居们也都跑来看。如果发现新姑父磕头和作揖不够标准，就会有调皮的小孩子趁新姑爷磕头的时候拿走姑爷的帽子、围脖、领带或鞋子什么的，这时，新姑爷也不能急，必须从口袋里掏出点小钱，然后赔着笑脸用钱换回自己的东西。

破五崩穷

老北京人一般不把正月初五叫“初五”，而是叫“破五”。从这一天起，过年的所有禁忌都已经被“破”掉，可倒垃圾，可动剪刀，商铺也可以开业了。

这天清晨，天还没有亮，人们就放起了鞭炮，霎时间鞭炮声就连成了片。这一天，不管是穷人还是富人，不管是有钱还是没钱，都要放几挂鞭炮，因为这一天是“崩穷”的日子。据说，“送穷”的习俗从唐代就有了，“穷”是人们最怕的事，所以要崩走它。早年间，老北京人十分重视“崩穷”，即使是再没有钱的人家，也要买上一挂“五百响”放一放，盼望着能够把“穷鬼”崩走，使其不再缠绕着自己的家。在鞭炮声中，人们相信一切不吉利的东西和一切妖魔鬼怪都被吓走了，让它们离我们远远的，越远越好。

在破五这一天，老北京人讲究吃饺子。老北京的满、蒙旗人管饺子叫“煮饽饽”。无论是富裕人家还是穷苦人家，饺子是一定要吃的。破五包饺子，肉馅和菜一定要自己剁。剁馅时刀和砧板相互“碰撞”，一定要闹出点儿动静来，声音越大越好，目的就是把烦心的事儿和不顺心的事儿都“剁”跑。包饺子就像在捏小人嘴，要用点力气捏，只有用力捏，才能把小人的嘴给捏住，才能达到不让小人造谣生事的目的。破五煮饺子时还有一个习惯，如果饺子煮破了，不能说“破了”，必须说“挣了”，以取个吉利。

有一些人家还讲究在破五这一天把过年积攒的垃圾倒掉，名曰“送穷土”，反映了老北京人希望辞旧迎新，送走旧日贫穷困苦，迎接新一年美好生活的愿望。妇女们在这一天要找几件旧衣服拆拆，这叫“拆小人”。

逛庙会

在老北京，每年正月初一到十五，是文化娱乐活动最频繁、最热闹的时段。那时候，京城里的戏园子会人满为患。据文献记载，过去北京城近郊区共有 700 余座寺庙。春节期间，大小寺庙均向香客和游人开放。在庙内或其附近设有集市，故称庙会。北京的庙会以厂甸、白云观、大钟寺和东岳庙等处最为著名，一年一度的厂甸庙会更是盛极一时。在老北京民间一直流传着一首民谣："初一东岳庙，十五逛花灯。燕九白云观，三十雍和宫。"说的就是老北京人过年要去的几个地方。

摸东岳庙铜马

东岳庙的庙会是京城春节里的重要庙会之一，来此庙敬香的人络绎不绝。据说不管有什么愿望，只要来这里敬香都会如愿以偿。庙里供奉着神仙"子孙娘娘"，已婚不孕的女子都会到这里敬香许愿。

在子孙娘娘殿中有两匹雄马，一匹是白瓷身，一匹是铜身。想生男孩的，就在那匹铜马的头上摸一把，再在它的腹下摸一把。所以常有妇女逛庙会时在那匹铜马身上摸上几把，时间长了，那匹铜马的嘴、眼睛、腹部、屁股和肩等部位都被摸得光亮亮的。

摸石猴

白云观始建于唐代，每年正月初一至十九开庙，举办庙会活动。旧时白云观的庙会因开放时间长、香火旺盛等特色而享誉京城。

来白云观的人，除了上香祭神外，都要来摸猴。据说，摸了猴，好运就来了，生活中的一切就会顺利、美满。

白云观里有三只小石猴，分别隐藏在不同地方，有“三猴不见面”的说法。若是没人帮助，第一次来白云观的人是很难找齐三只石猴的。这三只石猴有着不同的寓意：

第一只石猴，在正门斗拱东侧的浮雕底部。它的旁边有一只蝙蝠。“蝠”与“福”同音，寓意为“赐福”。这只石猴其实就是“福星”的化身。福星专门掌管人间福气的分配。

第二只石猴，在山门西面侧墙的底座。它正在拉着一只鹿往前走。“鹿”与“禄”谐音，寓意是“受禄”。这只石猴代表“禄星”，禄星是读书人的保护神，专门掌管人间的功名利禄。

第三只石猴最难找，它隐藏在白云观东侧院雷祖殿的石碑底座上。该猴一手搭在额头，另一手高举着一个寿桃，很显然，这只石猴代表“寿星”，是长寿之神。

白云观摸石猴这个习俗存在很多年了，三只石猴已被人摸得黝黑光亮。

打金钱眼儿

明朝末年以来，每逢白云观的春节庙会，窝风桥的洞口都会悬挂一枚直径约33厘米的木制大钱，钱眼里系着一个小铜铃，木钱正面刻有“钟响福兆”四个大字。游人、香客来逛庙会拜神仙，经过窝风桥时，都满怀希望地用手中铜钱或铜元投击那个木钱，要是击中钱眼里的小铜铃，就意味着一年吉祥如意。民间把

这项活动称作“打金钱眼儿”。

开庙时，桥洞二室中各有一名身穿道袍，眉垂目瞑的老道士盘腿打坐，从上午 8 点多钟一直坐到下午 4 点多钟，这一天之中不吃不喝。据说，为了应付持续 19 天的庙会，这些道士从农历十月初就开始天天到桥洞内练习静坐的“功夫”。庙会期间，游人、香客纷纷解囊，将铜元投向金钱眼。一天下来，庙会的收入可观。据记载，分配金钱的方法是庙中得两成，桥下的道士得八成。

如今，桥下的木钱换成了一枚巨大的铜钱，铜钱中间有个方形的钱眼儿，里边仍然挂着一个小铜铃，而坐在桥洞内的道士再也看不见了。游人们用钱兑换了庙里专用的小铜钱，向大铜钱的钱眼儿里投。人们通常站在桥上往桥下投钱，因为角度的问题，很难使钱从钱眼儿里穿过，倒是小铜钱砸到大铜钱发出的清脆的声音，给节日增添了很多欢乐的气氛。

逛厂甸庙会

厂甸庙会已有400多年的历史，它始于明代嘉靖年间，在清代康熙、乾隆年间得以兴盛。过去老北京在春节期间开放的有厂甸、白云观、大钟寺等八大庙会，其中尤以厂甸庙会最负盛名，其规模之大、时间之长（从农历正月初一至十五），是其他庙会无法相比的。众多庙会中，只有厂甸庙会以街道命名，足见其影响力之大。历时400多年的厂甸庙会，已成为中国历史上最为悠久、特色最为鲜明的地区性民间庙会之一。

历史上，北起和平门，从西河沿往南，直到琉璃厂的中部，即南新华街十字路口一带，称为“厂甸”。从元代开始在这里建窑，烧制琉璃瓦，称琉璃厂。明嘉靖年间，窑址迁走，琉璃厂和厂甸的街名却保留下来。后来这里发展成为集市，以卖古书旧籍、古玩字画和文房四宝为主，厂甸的集市初具规模。

后来，灯市也由灯市口移至厂甸，又使厂甸成为闻名天下的年节庙会举办地。1917年，北洋政府在窑厂前空地（今中国书店一带）建海王村公园，园内叠石做山，种植花树，高搭席棚，设置茶座，招徕顾客。这样，厂甸庙会成为京城唯一的官方设立的春节集市。据记载，1931年的厂甸庙会有摊商近1 000户；1945年的厂甸庙会的游人超过20万，占当时北京总人口的五分之一。历史上，厂甸庙会与南京夫子庙庙会、上海城隍庙庙会和成都青羊宫庙会并称为中国四大庙会。

旧时的厂甸庙会以书籍、古玩、字画和文具独秀于林，以“文市”著称，同时特色小吃、传统工艺、日用百货和儿童玩具也颇具盛名，男女老少皆能在此各得其乐，各有所获。其特有的娱乐气氛也很吸引人，高跷、太平鼓、小车会、五虎棍……艺人们的绝活表演令人拍手称快，而以大糖葫芦为代表的多种风味小吃更是叫人流连忘返。

吃大糖葫芦

庙会上可看、可吃、可玩儿的东西很多，但又好吃、又好玩、又好看的就要数“大糖葫芦”了。大糖葫芦与冰糖葫芦不同，它特别长，最长的有六尺，最短的也有三尺。选大个的山里红去核，用长长的荆条串起来，在其表面刷上熬化的白饴糖（一种用麦芽糖和小米为原料制成的糖，和关东糖为同一类）而不是冰糖，使其看起来白里透红，最后还要在其顶端粘上彩色的三角形小旗子，看起来特别喜庆。在过去商品匮乏的年代，全家人能吃到这么一大串甜酸可口、带着芝麻香味儿的小吃，是多么惬意的一件事啊！小贩在大箩筐上支起木架子，上面钻上圆形孔洞，把大糖葫芦插在孔洞里，小旗儿高高地迎风摇摆，十分耀眼，成为厂甸的一大标志。

抖空竹

抖空竹是春节时孩子和大人都喜欢的游戏之一，在中国已有上千年的历史。在古代，它是由一种叫陀螺的儿童玩具演变而来的。在各地，其名称都不一样。南方人叫它嗡子、地铃，台湾地区的人叫它扯铃，天津人叫它风葫芦，四川人叫它响簧，长沙人叫它天雷公。在北京地区，人们称它为空钟，因为北京人说话较快，听起来便成了空竹。

空竹是用竹木制作的。它的轴儿是用木头在旋床上旋成的。它的盘儿也称轮儿，是竹质的，上面的方形或长方形的小孔是发声的。几个孔即几个“响儿”。空竹抖起来，盘儿转得飞快，空气灌进去即发出嗡嗡的声音。空竹的“响儿”越多，声音就越大。人们在玩耍空竹的过程中逐步发明了很多玩法和抖动的花样，据说达上百种之多，抖空竹也逐渐从最初的单纯游戏发展到具有表演、竞技和健身等多种功能。

据老人说，只有到了春节举办厂甸庙会的时候才有卖空竹的，平时不容易买到。厂甸庙会上卖空竹的人很多。买的时候，卖主都会教顾客试着玩玩。卖空竹的人络绎不绝，空竹声响成一片，热闹非凡。买卖空竹的场面成为庙会上的一景。

进香

春节进香祈福，是不少人在新年里要做的第一件事。在北京，有“男雍和，女红螺”的说法，意思是去进香请愿，男的就去雍和宫，女的就去红螺寺，据说这是北京最灵验的两个地方。

雍和宫是北京最大的藏传佛教寺院，建于清康熙三十三年（1694年），原为清朝皇帝雍正即位前的府邸，雍正三年（1725年）改为行宫，乾隆九年（1744年）改为藏传佛教寺院。殿内供有众多佛像、唐卡及大量珍贵文物，其中有紫檀木雕刻的500罗汉山、金丝楠木雕刻的佛龛和18米的檀香木大佛。很多人到雍和宫许愿后，愿望都实现了，于是口口相传，雍和宫的灵验便名声在外，它也因此成为北京香火最旺的寺院之一。每逢初一、十五上香的日子，雍和宫更是人满为患。

红螺寺是中国北方佛教的发祥地之一，千百年来一直是佛教圣地。寺院背倚红螺山，南照红螺湖，山环水绕，古树参天，俨然一幅“碧波藏古刹”的优美画卷。寺院内历届住持多由皇家命派。因红螺寺高僧频出，佛法超凡，而世有“南有普陀，北有红螺”之说。红螺寺尾寺是观音寺，分前后两座，前一座是送子观音庙，在此进香，求佛降子，最为灵验。

天宁寺是北京创建年代最早的寺院之一，旧时外省人到北京做官或做生意，都要先到天宁寺拜佛以求平安或官运亨通。相传寺中的千年宝塔下安放着释迦牟尼真身舍利，而此舍利宝塔经历了千年风霜雨雪，周围寺院几毁几建，舍利宝塔却一直完整地岿然屹立。旧时每逢春节，皇帝便率领百官到天宁寺燃灯供佛，祈求一年风调雨顺，国泰民安。

孔庙是皇家祭祀孔子的地方，在这里祈求学业和仕途升迁很灵验，所以，孔庙受历代文人学子的青睐。孔庙先师门内两侧有元、明、清三朝进士题名碑198块，题刻着历代进士5万多位，代表着历史上功课出色、才华出众的学子。与孔庙相邻的国子监外有一座石桥，上面绑满了红色的祈愿牌，都是希望学业精进或者职位升迁的虔诚者所系。

潭柘寺因为进香灵验而备受皇家恩宠。自康熙朝至光绪朝的200多年间，皇帝们都曾到寺中敬香礼佛，官宦大员们也将潭柘寺作为进香的首选之地，以保官运亨通。寺院依山而建，坐北朝南，背倚宝珠峰，又被回龙、虎踞、捧日、紫翠等九座山峰环护，为风水宝地。每逢春节前后，进香拜佛的人就会挤满潭柘寺。正月初一是弥勒佛的圣诞日，寺内会举行祈福法会。春节前后，寺内将举行“迎新春接福缘”的祈福纳祥活动，活动形式有打金钱眼儿、敲钟祈福等。

白云观是道教全真三大祖庭之一，丘处机的遗骨便埋葬在大殿香案下的石座内。白云观是一座“真庙”，即由道士自己管理的道观，因此被认为颇有灵性，香火不断。老北京有这样的传说，“神仙本无踪，只留石猴在观中”，石猴便成了神仙的化身。每年农历初五，都会有许多人到白云观排队等待摸石猴、打金钱眼儿。

跳布扎

“跳布扎”是蒙古语，意为“打鬼”，学名为“金刚驱魔神舞”，是藏传佛教的一种宗教仪式。许多藏传佛教寺院每年都举行这一仪式，旨在驱除邪恶，祈愿天下太平。每年正月三十，旧时北京雍和宫都要举行“打鬼”仪式，跳驱魔舞蹈。

仪式从下午3点开始，舞台搭在雍和宫门殿前，地面铺红色地毯。仪式开始后，由喇嘛装扮成鬼，手舞足蹈。还有一些喇嘛扮演诸天神将，手执法物，象征要以佛法收服邪魔。其间，一些小喇嘛会扬起“白土子”，据说谁被沾上便一年都晦气。另有两个喇嘛装扮成牛头护法和鹿头护法，边舞边持刀砍地，作杀鬼姿势，表示将邪魔正法。

舞台前方放置着代表邪魔的骷髅模型，藏语称“朵玛”，等舞蹈结束后，将其抛入火堆中，俗称“送祟”，象征邪魔被彻底歼灭，从此天下太平。之后，僧人们陆续归来，在盛满供果的供桌前诵经。诵经之后，将供果发给游人和信众，得到供果被认为是一种福分。

清代，雍和宫的“打鬼”是由皇帝主持的，跳布扎者穿的袍褂上的装饰都出自宫廷的刺绣。“打鬼”前夕，就在天王殿前搭好看台。有时皇帝亲临观礼，其他王公大臣也都穿着补服，场面十分隆重。

“打鬼”作为演绎诸神驱魔过程中表演的宗教舞蹈，虽然是一项传统的法事活动，但因其极具观赏性，每年都吸引着大批百姓观看，深受广大佛教信徒及普通民众喜欢。

实践与互动

西方国家的传统节日

新年（New Year's Day），是为纪念 1582 年罗马教皇格列高利十三世采用此历而命名的，它以耶稣诞生之年作为纪年的开始。按照公历，新年从 1 月 1 日开始，目前世界上大部分国家都采用了这种纪年方法。

情人节（Valentine's Day），在每年的 2 月 14 日，是西方国家的传统节日之一。这是一个关于爱、浪漫以及花、巧克力、贺卡的节日，男女在这一天互送礼物表达爱意或友好。情人节现已成为欧美各国青年人喜爱的节日，在其他国家也已开始流行。

愚人节（April Fool's Day），在每年的 4 月 1 日，是从 19 世纪开始在西方兴起流行的民间节日，并未被任何国家认定为法定节日。在这一天，人们以各种方式互相欺骗和捉弄，往往在最后才揭穿玩笑并宣告捉弄对象为“愚人”。

复活节（Easter），是西方国家的一个重要节日，在每年春分月圆之后第一个星期日。基督徒认为，复活节象征着重生与希望，是为纪念耶稣基督死后第三天复活的日子。

万圣节（Halloween），在每年的 11 月 1 日，是西方的传统节日。南瓜灯是万圣节的标志物。传说有一个爱尔兰人叫杰克，因为他对钱特别吝啬，所以上帝不允许他进入天堂，把他打入地狱。但是在地狱里他总是捉弄魔鬼撒旦，所以被踢出地狱，罚他提着灯笼永远在人世间游走。

感恩节（Thanksgiving Day），是美国人民独创的一个古老节日，也是美国人合家欢聚的节日。初时感恩节没有固定日期，由美国各州临时决定，直到 1863 年，林肯总统宣布感恩节为全国性节日。1941 年，美国国会正式将每年 11 月的第四个星期四定为“感恩节”。感恩节假期一般从星期四持续到星期日。

圣诞节（Christmas Day），在每年 12 月 25 日。圣诞节是一个宗教节日，因为人们把它当作耶稣的诞辰来庆祝，故又名“耶诞节”。

介绍一个你了解的其他国家的重要节日。

延伸阅读

紫禁城里过大年

按照中国人的传统，春节无疑是一年当中最重要的节日。每至腊月，节日气氛便逐渐浓厚起来，家家户户置办年货不亦乐乎。等到除夕之夜，一家人围坐一堂吃年夜饭，欢声笑语，其乐融融。寻常百姓家如此，那故宫里的帝王之家又是如何过年的呢？

为了迎接新春佳节，北京故宫博物院“贺岁迎祥——紫禁城里过大年”展览于 2019 年 1 月上旬开启。此次展览主要以乾隆朝宫中过年的场景为参照，借以全面展现清代宫廷的过年习俗。

大体而言，宫里过年的方式和普通百姓也差不多，宫中年节诸事都有时间安排表。例如：腊月初八观冰嬉；腊月二十左右，由钦天监（皇宫里的一种官职）择吉日封印放假，布告天下。各级官府也同时封印，正月再择吉日开印，恢复正常上班。

和寻常家庭置办新衣，发压岁钱一样，明清朝皇帝也会为皇太后、皇后、妃子、子女，以及太监、宫女们准备年节例赏。至于春节期间的食品供应、洒扫卫生，御膳房、敬事房等的事务都会提前做好准备。

和民间一样，宫中过年时也有挂灯笼的习俗。按照明朝旧制，清宫在腊月二十四时在乾清宫丹陛上下各竖立一对天灯和万寿灯。乾隆五十四年（1789 年），在皇极殿增立一对万寿灯。另外，毓庆宫、建福宫、养心殿等处也会竖立天灯。

天灯

可不要小看了竖立天灯与万寿灯，这是清宫过年最盛大的活动之一。据记载，天灯与万寿灯从竖立到撤下，前后需要动用近 8 000 人。不过，在道光二十年（1840 年）时，崇尚节俭的道光皇帝将此活动取消，天灯和万寿灯由此消失近 180 年，直到故宫的本次展览加以复原，才得以重现紫禁城。据介绍，本次展览所用天灯及万寿灯均按清宫档案记载的详细尺寸复制，而且还在库房中找到了灯身模型、灯联小样等旧物，都一一呈现在观众面前。

为烘托过年的气氛，皇宫里当然少不了春联、门神和“福”字。据说，明太祖朱元璋特别提倡贴春联，清承明制，也于腊月二十六悬挂春联。不过，和民间春联不同的是，清朝宫中的春联系用绢纱制成，其底有浅黄色云龙纹。至于门神，也是将其装裱成框后才挂起来，不是像民间那样直接贴上去。

此外，宫中还会贴一些“福”和“寿”字，这些字大多出自皇帝的御笔。

新年里，皇帝都做啥？

除夕当日，皇帝会赐给皇子皇女、王公大臣们礼物，如装有玉石的荷包等，如同民间给小孩发压岁钱。此外，皇宫还有踩岁和烜岁活动。踩岁是指踩芝麻秸，寓意是“岁岁平安”“芝麻开花节节高”；烜岁是指在炭炉中烧松柏树枝，这是满族特有的习俗。

除夕的中午，皇帝在保和殿为外藩举行筵宴，一、二品武臣陪宴，实际上，这是外藩给皇帝拜年，席间还有音乐、舞蹈、杂技助兴。之后，皇帝略事休息，即开始除夕守岁。子正时（0 点）一到，大年初一就来了，这也成为皇帝最忙的一天。

以乾隆帝为例，根据《乾隆朝起居注》等史料记载，他大年初一是这样度过的：

子正一刻（0点15分），在宫外爆竹的渲染声中，乾隆帝先至钦安殿拜真武大帝，然后到斗坛祭祀斗母，再到天穹殿等处行叩头礼。

丑正（凌晨2点）时，乾隆出乾清门至奉先殿祭祀列祖列宗，之后到养心殿东暖阁行开笔例典。是时，乾隆在御案前亲手点燃玉烛，向"金瓯永固"杯中注入屠苏酒，再从红漆雕云龙盘上拿起"万年青管"笔，在洒金笺上书写"天下太平""风调雨顺"等吉祥语。开笔之后，乾隆翻看当年的时宪书（即历书），以象征授时省岁之意；然后饮屠苏酒，以除瘟疫，强身健体。

开笔仪式后，乾隆又至各殿前焚香叩头，忙到快凌晨3点时，才回到弘德殿吃煮饽饽（即饺子）。和我们想象中不一样的是，皇帝在新年里吃的头一顿，既不是大鱼大肉，也不是山珍海味，而是以干菜为主，夹以蘑菇、笋丝等馅的素馅饺子。

寅正（清晨4点）时，乾隆乘大礼轿出乾清门前往长安左门外的堂子（皇家的神庙）祭祀，之后再往建福宫、重华宫等处拜佛。

卯正一刻（上午6点15分），乾隆步行至慈宁宫门槛外，率诸王、贝勒等向皇太后行庆贺礼。

辰初（上午7点）时，乾隆至中和殿，升宝座，接受众大臣的朝贺。之后，乾隆来到乾清宫，接受皇后与诸嫔妃的贺礼，更衣后，同她们共进早膳。

吃完早膳后，乾隆出神武门至大高玄殿叩头，然后在承光殿码头乘冰上托床至河西码头，入弘仁寺拜佛，之后回转至寿皇殿瞻拜先祖御容。

午正（中午12点）时，乾隆在太和殿举行筵宴，同王公大臣共贺新春佳节。王公大臣均穿朝服并须奏乐，之后举行十分繁缛的进茶、进酒、进餐等仪式。乾隆与群臣一边吃喝，一边欣赏歌舞音乐。最后，在乐曲声中，群臣向乾隆行一跪三叩礼，乾隆起身回宫，群臣依次退出。

酉初（下午5点）左右，太阳西沉，御膳房送来酒膳，忙碌了一天的乾隆稍微进食后即撤席，休息去了。

春节期间，看戏是皇家最主要的娱乐项目，因为皇太后通常喜欢看戏，而皇帝也得陪着看；即使皇太后不看戏，皇帝也会陪着皇后、诸妃嫔，以及儿女们一起观看，就像我们现在全家一起看春晚一样。

有意思的是，在有关人员对故宫养心殿进行修缮时，意外发现了一卷戏目折（即节目单）。经研究，这是道光四年（1824年）的戏目折，上面详细记载了当年演戏的地点、戏目和演员。

清朝有几位皇帝不仅会看戏，还会唱戏。据记载，乾隆帝在腊月二十三过小年时在坤宁宫唱过戏曲《访贤》；道光帝曾为太后演出《斑衣戏彩》；同治帝与妃子同演过《打灶王》。当然，最爱看戏而且精通戏的是咸丰帝，他不但会唱戏，而且还擅于改编剧本，并指点戏工。正因为咸丰帝爱戏，连带着慈禧太后也成了资深戏迷。

除看戏之外，元宵节的烟火表演也深受欢迎。据《养吉斋丛录》记载，康熙皇帝曾专门在南海子举办过皇家烟火表演，供全城王公和老百姓观赏。乾隆朝后，元宵节的烟火表演成为每年的固定节目，但因为怕其引发火灾而改在圆明园西苑举行，规模更为盛大。不过，随着清朝国力的衰退，嘉庆朝后烟火表演的规模与时间均有所缩减，道光朝后干脆就取消了。此后，清宫中不再举办大型的烟火表演。

值得一提的是，在乾隆几度南巡后，因为皇太后钮祜禄氏特别喜欢江南，乾隆就在圆明园福海东面的同乐园里设置“江南一条街”，其中店铺、茶馆、酒楼、戏院应有尽有，而店员均由太监和宫女扮演。乾隆会带着皇太后、妃子、皇子或大臣们前来游玩，而太监和宫女也可以假扮游客，和皇帝一起娱乐。这一做法，直到乾隆朝之后才取消。

（资料来源：搜狐网，2019年2月2日，金满楼撰稿，有删改）

第二章

元宵节

导语

农历正月十五是中国民间影响最为广泛的传统节日——元宵节。它又称灯节、上元节、元夜、元夕。其他传统节日的庆祝都是以家庭为单位的，而元宵节则是一个全民同庆的节日。民俗学专家称，老北京最热闹的节日不是春节，而是元宵节。从农历正月十三到正月十七，北京的老百姓要娱乐整整五昼夜。无论是达官显贵还是平民百姓，无论是书生学士还是老人小孩，都会上街观灯。各个店铺均自发地挂出各种花灯，有的还会出灯谜，猜中的人会得到一些鲜果、小吃等奖赏。那几天里，娱乐场所的生意都很红火。虽然中国没有狂欢节的说法，但元宵节实质上就是“中国的狂欢节”。

“元宵”原意为“上元节的晚上”，正月是农历的元月，古人称夜为“宵”，所以称正月十五为元宵节。正月十五是一年中第一个月圆之夜，也是一元复始、大地回春的夜晚。人们对此加以庆祝，也是庆贺新春的延续。正月十五闹元宵，把从除夕开始延续的庆祝活动推向又一个高潮。除了燃灯之外，人们还燃放烟花助兴，后来又增加了舞龙、舞狮、跑旱船、踩高跷和扭秧歌等“百戏”的内容。元宵之夜，大街小巷张灯结彩，热闹非凡。元宵节人们赏灯、猜灯谜、吃元宵，成为世代相沿的习俗。

节庆活动

花会

老北京的花会跟花并没有关系。花会原来叫作香会，又称走会，是在每年农历正月初一至十五进香期间举行的街头歌舞、技艺表演活动，从城里到农村，都能看到精彩的演出。旧时花会的主要表演形式有开路会、踩高跷、扭秧歌、耍五虎棍、跑旱船、耍中幡、舞狮、打太平鼓等，有的表演形式如今已经绝迹。老北京的花会大约始于明代，盛于清代。花会活动期间，鼓声震天，人们载歌载舞，到处是热烈和欢乐的气氛。

花会是由体育、武术、戏曲、音乐、曲艺、杂技等不同类别的技艺表演组成的，表演有的惊险，有的风趣，表现出了很高的技艺水平，其中有许多项目已经被列入国家级或北京市级非物质文化遗产保护名录。

舞狮

舞狮，又称狮子舞、狮灯、舞狮子，是中国民间传统的一种表演艺术，表演者扮成狮子的样子，在锣鼓声的伴奏下，模仿狮子的各种形态、动作。中国人认为，舞狮可以驱鬼辟邪，所以每逢春节、元宵节等重大节日，人们就会敲锣打鼓，舞狮助兴。

传说狮子是文殊菩萨的坐骑，随着佛教的传入而被带到中国，舞狮子的活动也随之传入中国。另一种说法是，狮子是汉武帝派张骞出使西域后，和孔雀等一同作为贡品被带回中国的。据记载，唐代时，狮舞已成为盛行于宫廷、军旅和民间的一项活动了。

在 1 000 多年的发展过程中，狮舞形成了南北两种表演风格。南派舞“文狮”，表演者常有抠痒、抖毛、舔毛等动作，表演幽默风趣，逗人喜爱；而北派以舞“武狮”为主，多展现狮子的威猛，表演动作惊险，接近于杂耍，令人惊叹。北京的舞狮属于北派，引“狮”人装扮成古代武士的样子，手握旋转绣球，配着京锣和京鼓的节奏，逗引“狮子”。“狮子”在引“狮”人的引导下，展示腾翻、扑跌、跳跃、登高、朝拜等技巧，并做走梅花桩、窜桌子、踩滚球等高难度动作。小狮舞由一人表演。大狮舞由双人合作表演，一人站立舞“狮头”，另一人弯腰舞“狮身”和“狮尾”。要经过反复练习，动作才和谐，才能舞出狮子的神韵。

近百年来，舞狮跟随着华人移居海外而闻名于世界。舞狮在马来西亚、新加坡等地及世界各国的唐人街都相当盛行；聚居欧美的华人组成“醒狮会”，每年的春节或有重大喜庆活动时，他们都会以舞狮来庆祝。

跑旱船

跑旱船，又称划旱船，多在中国北方地区年节时的庙会、走会上表演。旱船用竹或秫秸扎成，外面用纸或布围起来，船身绘上彩色图案，用表示波浪的蓝布遮住船脚。船身一般长约 2 米，船舱内用一根红布条拴在舱两边的边沿处。表演时，表演者将红布条架在肩膀上，撑起旱船，同时用两手握住船舱的两边，摆动旱船行进。表演者扮演成老船夫、女游客和老妇人，在锣鼓声中边唱边舞。

北京的跑旱船来源于早年修运河的民工歌舞。由若干条旱船组织成一支表演队伍，前面有一个老翁拿桨（划船的工具）划行领航，前行后退地表演。领航人拿着桨，做出划船的姿态，弓步前行，不时做些亮相动作的表演，船队的表演路线全靠他指挥行进。旱船表演者一般会采用“水溜溜”“走‘八’字”“跑圆场”“双进门”等十余种步伐进行表演。整个表演，从解缆开始，历经几次“险情”，起承转合，紧凑自然，滑稽幽默。表演者多装扮成夫妻或父女，女的在船中，男的在船外，表现捕鱼、行船等水上生活。表演的主要技巧在于船内的表演者要配合船身的起伏摆动而做出高难度动作，表现风浪漩涡等意境。在锣鼓声中，船在场内做倒八字运动，随着音乐节奏的不断加快，船行的速度也不断提高。有时，几十条旱船还相互竞技，场面十分壮观。

踩高跷

踩高跷是中国民间盛行的一种群众性技艺表演，表演者以长木缚于足，不但能行走，还能跳跃和舞剑。跷分高跷、中跷和跑跷三种，最高者达一丈多。据说踩高跷是古代人为了采食树上的野果，给自己的腿绑上两根长棍而发展起来的一种跷技活动。

以前，每到农历正月，一支支高跷队伍会在腰鼓、小锡锣和大小钗的打击乐声中穿街而过。一拨儿高跷队的人数不定，一般有十几人，身量高的踩低跷，身量矮的踩高跷。由开路棍打头儿，表演者扮演白蛇、唐僧、丑婆、姜子牙等艺术形象。由于表演诙谐有趣、声情并茂，所以高跷会一向为人们所喜爱。

高跷会一般由群众自发组织，正月十一、十二开始踩街，正月十五正式上街，一直到正月十八才结束。踩高跷的队伍在街头行进中，一般采用“一”字长蛇阵的单列队形，在繁华拥挤地段采用双人并列队形，步子变换为走“八”字，表演者在表演时做小旋风、花膀子、鹞子翻身、大劈叉等高难度动作。旧时沿途的大商号在门前设八仙桌，摆上茶水和点心，放鞭炮向高跷队道“辛苦”，表示慰劳。高跷队在此稍作逗留，或以表演表示答谢。

扭秧歌

扭秧歌，又称秧歌舞，一般由十多人至百人的舞队组成，表演者扮成历史故

事、神话传说和现实生活中的人物边舞边走，随着鼓点节奏，变换各种队形。

秧歌起源于插秧耕田的劳动生活，人们借此祭祀农神，祈求丰收，在其发展过程中不断吸收民歌、武术、杂技以及戏曲的技艺与形式。到了清代，秧歌已在中国各地广泛流传开来。

北京地区的秧歌一般指不踩高跷的“地秧歌”，又俗称“地蹦子”。表演者每人唱一段秧歌调，最后合唱，由小跨鼓和小手锣伴奏。秧歌调每首四句，每句七个字，内容多取自《水浒》《八仙》等故事。舞姿有“龙摆尾”“黑虎掏心”等，伴以不同节奏的锣鼓声。扭秧歌时，人们所穿的服装色彩对比强烈，常见的有红、蓝、黄、绿等颜色。大家在锣鼓的伴奏声中边歌边舞，以此抒发愉悦的心情，表达对美好生活的憧憬。

耍中幡

每年的北京年节庙会上，耍中幡都是表演活动之一。幡旗用彩绸制成，竿顶有红罗伞，伞下挂着一面绣字的标旗，一些部位还装上铃铛。幡由竹竿制成，按大小分为硕幡、中幡和小幡三类。硕幡一般比较重和高，可高达 12 米以上；中幡一般有 9 米左右，多数表演者选用的都是中幡；小幡则只有3~4 米，一般在小的场地表演，如剧场、茶馆等。表演耍中幡时，表演者将竿子竖起托在手中，舞出许多花样。每一个动作都有一个名称，比如，将竿子抛起用脑门接住，称为“霸王举顶”，单腿支撑地面并用单手拖住竹竿，称为“金鸡独立”。此外，还有“封侯挂印”“老虎撅尾”“苏秦背剑”“太公钓鱼”等 80 多个动作。

耍中幡有单臂举三举、落三落等动作，表演时有锣鼓伴奏。中幡表演讲究的是技巧和平衡。因为北京的表演者都要先练摔跤，所以北京的中幡表演更突出粗犷和力量，无论是幡的高度还是重量都令人震撼。

打太平鼓

太平鼓，亦称年鼓，是一把蒲扇形的有柄单面鼓。鼓是羊皮面、铁条框的，鼓面绘花草、人物等，鼓框衬绒球或花穗，鼓柄下缀小铁环数枚。表演者用软藤鼓鞭边击边舞，打法有正面打、反面打、打边、手磕鼓面、手磕鼓柄和振动铁环等。太平鼓原为小孩子过春节时敲打的玩物，清代宫廷也有打太平鼓的习俗，民国以后打太平鼓成为花会的活动内容之一。

赏灯

旧时老北京人也将元宵节称为灯节，过元宵节除了吃元宵外，还要赏灯。届时，老北京人一家老小都上街赏灯，商户也趁机促销商品，老百姓既观看了花灯，又可以借此机会购买生活用品。市面上更有临时商贩售卖“走马灯”“吉利灯”“气死风灯”，以及狮、狗、羊、兔等动物形象的纸灯。北京有一街巷名叫“灯市口”，明代每年农历正月初八至十八，灯市持续 10 天。正月十五这一天，观灯者、赏灯者如云，上至大臣显贵，下至平民百姓，都来此观灯。此街巷也因设灯市而得名，赏灯活动一直延续至清末。除挂灯外，各个店铺还要在灯下挂贴灯谜。在北京，猜灯谜也叫“打灯虎”。买卖铺户还为猜中者准备了鲜果、小吃等奖品。

明代在东城灯市口，元宵之夜，街道两旁列市，上至珠宝玉器，下至日用百货，商品一应俱全，并有茶楼酒肆供游人饮宴作乐。各铺户俱张挂绢纱、烧珠、明角、麦秸，以及用通草制成的各式花灯，供人观赏。

因灯市离皇宫太近，为防火，自康熙年间起，朝廷下令将灯市口的灯市北移至东四大街，同时在前门外、天桥灵佑宫、琉璃厂和地安门大街等处也设有灯市。民国时期，在城南游艺园也举办过元宵花灯大会，有的花盒子高达 13 层，点燃后有演戏的场景，也有烟花火炮，观者如潮。

据史书记载，元宵节活动中最繁华、规模最大的灯市有东四牌楼、西四牌楼、地安门、鼓楼、正阳门和厂甸。正月十五，在前门大街及大栅栏街挂花灯与灯画是轰动全城的民俗活动，瑞蚨祥绸缎店的“唐僧取经”花灯、谦祥益绸布店的“七侠五义”花灯等都非常吸引人。那时的棋盘街内六部衙门和工部的门前也张灯结彩，吸引大量游人前往观看，那里的花灯老北京人称之为“六部灯”。

老北京最热衷于挂花灯的是店铺，以糕点铺、布铺、绸缎店为主，它们挂出大小、高矮和方圆形式不等的花灯，有传统的纱绢灯、玻璃灯、羊角灯及西洋灯款式之别。花灯上面绘有古代传说故事，如《西游记》《精忠传》《三侠五义》等，或绘有花卉（兰、菊、梅、竹），或绘有飞禽走兽（鸾、凤、龙、虎、虫、鱼）等，无不色彩艳丽、形态逼真。

猜灯谜

元宵节时除“观灯”外，另一个与观灯有关的风俗就是“猜灯谜”，也叫“打灯虎”，曾是一项十分流行的节庆文化活动。

据考证，猜灯谜始于汉代，据说是由“李广射虎”的故事引申而来的。赏灯时，猜谜者从灯笼上取下写着谜语的纸条，开始猜答案。猜中谜底很不易，犹如难以射中老虎一样，所以把猜中也称为“射中”。灯谜由三个基本要素组成，即“谜面”、“谜目”和“谜底”，这三个部分缺一不可。“谜面”是猜谜者思考的依据；“谜目”限定所猜的对象是哪类物品；“谜底”就是答案了。例如，谜面

是“麻屋子，红帐子，里面睡个白胖子”，谜目是“一种坚果”，谜底是“花生”；再如，谜面是“他有你没有，地有天没有”，谜目是“打一字”，谜底是“也”。

谜语有很多种格式，难度不一样，有专为儿童猜的，有专为大人设计的，猜中者特别有成就感。相传民国年间，在大栅栏内的同仁堂、瑞蚨祥等商铺前都有猜灯谜活动，猜中的有奖。那时有商铺曾挂出告示：猜中者奖“苹果三千”。一个猜中者去领奖，得到的却是一个插着三根牙签的苹果。这个故事成为当时的街头笑谈。

1949 年至 20 世纪 60 年代之前，悬花灯和猜灯谜的活动，多在劳动人民文化宫及中山公园等群众游园场所举办，游人众多，热闹非凡。20 世纪 80 年代后，每逢元宵佳节，在一些公园内和大商场前都会举办悬花灯和猜灯谜活动。

猜灯谜中，字谜是最具中国文化特色的设谜方式之一。它运用艺术的手法和遵循汉字的组字规律，着眼于字义词义变化，常用一个词句和一首诗来制成谜语，既能达到娱乐的目的，又能让人增长知识，是一种有益心智的独特的民俗活动。

吃元宵

正月十五元宵节的一个重要习俗，是吃元宵。元宵，也称圆宵、汤圆、圆子，因为其形似满月，就有了团圆、吉兆之意。据考证，直到唐代后元宵才被定名。

关于正月十五这一天吃元宵，历史上流传着很多轶闻趣事。据传，元宵的来历与唐太宗有关。有一年的元宵节，唐太宗设宴犒劳打退敌兵的大将军郭子仪①，御厨用糯米制成柔滑的白圆团子做成一道菜，唐太宗品尝后连赞“好吃”，

① 民间传说常常将历史上的著名人物拼合在一起，历史上郭子仪的主要生活年代在唐玄宗、唐肃宗、唐代宗三朝，而非唐太宗统治时期。

并将其定名为“唐圆”，象征着唐朝一统天下。因唐圆是在元夕吃宵夜时所吃的，故也俗称“元宵”；又因其是放在水中煮食的，南方人又称之为“汤圆”。

关于汤圆还有个浪漫的传说，相传八仙之一的吕洞宾曾化身为一位卖汤圆的老翁在西湖边叫卖，这时许仙恰巧走过便买了一碗吃。一不留神，许仙碗中的一个汤圆滚落入西湖，被白蛇吞了。于是白蛇成仙，化身为人，与许仙结为夫妇。

元宵作为节令食品，始盛于唐宋，唐代以前出现过形如蚕茧的面茧，当时是用油煎炸而成的，名“油锤”或“焦锤”，类似于如今的炸元宵。宋代时，水煮元宵的风俗已形成，出现了山药圆子、珍珠圆子和金橘圆子等特色元宵。

到了明、清两代，元宵成为皇宫元宵节里必食的御膳食品。据说，有一年元宵节的早晨，光绪帝吃完元宵，前往慈禧太后住处请安，而慈禧正在吃元宵。她问光绪：“你用过膳了吗?”光绪帝虽已吃饱却惧怕慈禧，不敢说吃过了，慈禧随即赐元宵若干。按宫中规矩，如果赐膳不吃，便是不敬，惹太后发脾气更了不得，光绪帝只得硬着头皮吃，不过他悄悄把几枚元宵藏于袍袖内告退，回到住处时发现黏糊糊的元宵已弄得满袖都是。

民国年间，北京元宵品种越来越多，分为馅心和无馅心两大类。北京的元宵馅心品种众多，比如，有加入桂花、芝麻、核桃仁、瓜子等果料的，有以细豆沙、枣泥或山楂泥为馅的，也有五仁元宵、什锦元宵等，可谓千变万化，风味各异。

民国初年，袁世凯篡夺了辛亥革命果实当上了大总统。有一年元宵节，他觉得“元宵”两个字不对劲儿，这“元宵”谐音不就是“袁消”吗?于是他下令北京城的老百姓不准再称“元宵”，改名为江南地区流行的称呼“汤圆”。“元宵”改称“汤圆”后，他还是觉得不好，汤圆的“圆”，还是和袁世凯的“袁”谐音，“煮汤圆”不就是要煮自己吗?于是，袁世凯又下令改“汤圆”为“汤团”，所有出售元宵的店铺不能在门前广告上写“汤圆”，都要改写成“汤团”。后来，在全国的声讨声中，袁世凯下了台。袁世凯下台后的第一个元宵节，正明斋的门前再次张灯结彩，并悬挂出“本店出售元宵”的招牌，其中“元宵”两个字写得特别大，以示欢庆、解气之意。

元宵节自然要吃元宵。据老人们说，过去每逢元宵节，老北京人吃元宵的数量比现在多，而且不论社会等级，只要家中吃得起的，都要大量吃。街市中的糕点铺、干果店以及小吃店，自春节开市后，就会大量供应元宵。这些店铺前都搭有席棚，棚内摆着几案或八仙桌，架起箩筐，店员边摇着元宵，边用火炉煮元宵，还伴有高声吆喝。走过路过的人，在街边能吃上一碗热腾腾、糯糯甜甜的元宵，算是一种莫大的享受了。

北京的宫颐府、稻香村、功德林、锦芳斋等老字号糕点铺制作的元宵都很有名。稻香村从1895年落户北京就开始制作元宵了，至今仍然生产手工摇制的元宵。每逢元宵节来临，都能看到其出售元宵的柜台前排成长龙的队伍，产品常常供不应求。

与春节的饺子不同，元宵并不是作为主食食用的，只是晚上一种调剂口味的小吃。北京的元宵从清朝至今馅心变化不大，主要有山楂白糖、白糖桂花、枣泥松仁和豆沙四种馅。据记载，清朝的时候就有奶油馅儿的元宵，深受老百姓喜爱，价格比较高，是一般元宵的两倍。

走桥、摸钉

明清时期，正月十五元宵节之夜，北京城里的妇女相约外出行走，一人持香前导，见桥必过，认为这样能祛病延年，一年里腰腿不痛，故称“走桥”，又称“走百病”“游百病”“散百病”等，是一种消灾祈福的节庆活动。这一天，北京城里凡是有桥的地方都成了妇女们的乐园。

灯节的另外一项活动是“摸钉”。老北京已婚不孕的妇女结队去各城楼的门洞，尤其要到正阳门去摸城门上的门钉。因为“钉”与“丁”谐音，丁指的是男孩，据说摸过门钉后就容易生男孩，就“添丁”了。正阳门城楼是北京城最高的城楼，位于北京城的中轴线上。正阳门是内城的正门，俗称前门、前门楼子、大前门，是皇帝走的城门，所以规格最高，摸那个城门上的门钉最灵验。在平常的日子里，普通老百姓是不准到那里去的，一年之中，只有灯节那一天是个例外，所以这天晚上很多妇女都特意赶到前门，过了正阳桥来摸前门中门的门钉。凡是人手能够摸到的门钉，个个都被摸得亮铮铮的。

烧火判儿

“烧火判儿”是老北京灯节中另一项民俗活动。“判儿”指的是阴间的判官，

“烧火判儿”就是百姓们把这罪恶的判官烧掉之意。昔日的北京，有两处地方举办“烧火判儿”：一处是地安门外大街的城隍庙；另一处是琉璃厂街的吕祖祠。庙会至傍晚后，将已置于庭院内的泥塑判官点燃，判官高五六尺，头上戴着一顶双翅的纱帽，挺着个大肚袒腹而坐。这判官腹中是空的，其腹实际是用砖砌的大炉膛，人们将柴、煤块儿点燃后，判官被烧得浑身通红，火焰从判官的口、耳、鼻、眼及肚脐眼中冒出。游客一边围观，一边拍手称快。

今天的平安大道北侧有一座城隍庙，那里烧的“火判儿”是京城最有名的。北京最后一次“烧火判儿”是1950年在北海公园，现在这项活动已经绝迹了。

实践与互动

元宵和汤圆

每年的农历正月十五是中国的元宵节，又称作上元节、灯节、小正月、元夕等。“元宵”原意为“上元节的晚上”，主要的节日活动为晚上吃汤圆赏月，后来节日的名称又演化为“元宵节”。

自古以来，南北方的文化差异就比较大，尤其是在饮食方面。在北方叫作元宵的，在南方就叫作汤圆。

那么，元宵和汤圆究竟有什么区别呢？

做法不同：按照传统做法来讲，汤圆是包出来的，表面比较光滑黏糯；而元

滚元宵

包汤圆

宵是滚出来的，表面干燥松软。

馅料不同：汤圆的馅料花样较多，除了有传统的五仁、豆沙、花生之外，还有一些鲜花、粗粮口味的，甚至有咸口的梅干菜烧肉、香菇鲜肉味的；与之相反，元宵的口味就比较单一，以甜口为主，比较常见的是黑芝麻、豆沙和花生味的。

吃法不同：汤圆多以煮为主，也有一些人喜欢炒着吃；元宵也以煮为主要料理方式，但有一些地区喜欢炸着吃。而且，煮的汤圆和元宵也不太一样。汤圆出锅后，多是清汤；元宵则恰恰相反，出锅后往往是浑汤。

储存方式不同：汤圆可以放在冰箱的冷冻层，保质期较长；可是元宵不行，元宵冷冻后，极易裂开，保质期相对就较短，所以纯手工制作的元宵，往往都是当天做，当天吃。

现在随着经济的发展，南北方文化相互融合，汤圆和元宵的区别变得不再那么明显。

介绍一种你了解的其他国家节日里的小吃。

延伸阅读

唐人街上过大年

随着越来越多的中国人走出国门，中华传统节日的喜庆氛围不仅充盈在中国的千家万户，也播撒到世界各地。这其中，各个国家的唐人街“庆新春”“过大年”的方式各有不同，演绎出来的版本可谓中西合璧，异彩纷呈。

美国：巡游队伍闹新春

位于美国加利福尼亚州的旧金山是华人漂洋过海登陆美洲大陆的第一个落脚点，也是美洲大陆中国元素最集中的地区之一。此地的唐人街建于 1848 年，是

亚洲以外规模最大、在北美洲历史最悠久的唐人街，到访此地的游客甚至比去“旧金山象征”——金门大桥的还要多。

每逢农历春节，旧金山唐人街街头就会出现巡游队伍。伴随着喧天的锣鼓声和噼里啪啦的鞭炮声，装饰精美的彩车缓缓行驶，金龙银龙上下翻飞，彩狮精神抖擞，杂技武术、轮滑舞蹈、吹拉弹唱和即兴演说等演艺活动此起彼伏，成为西方大舞台上一道耀眼的东方景观。农历新年大巡游活动也被评为世界十大游行之一，是亚洲以外规模最大的农历新年庆祝活动。

英国：主流社会同庆典

英国伦敦的唐人街也叫伦敦中国城，坐落于伦敦威斯敏斯特的苏豪区，地处黄金地段，与英国女王的白金汉宫和唐宁街 10 号首相府相去不远，是中国传统味道最足的唐人街之一。其入口处耸立着高高的牌楼，“伦敦华埠”“国泰民安”等烫金大字熠熠生辉，两侧则是镶嵌式对联，很具中国文化特色。

每年除夕夜，伦敦的唐人街都会举办“倒计时”活动，数万人齐声呐喊“……三、二、一”，声音还未落地，一阵响彻云霄的爆竹声就预示着新年到来了。此后将进行为期数日的舞龙舞狮、盛装巡游，以及杂技、武术、舞蹈和地方戏等中国传统民俗表演。

以前，华人的春节活动大多拘囿于唐人街，后来影响力逐渐扩大。随着活动的发展，过春节已成为伦敦当地的风俗，不仅政要们会向英国华人拜年，举行春节招待会，主流社会也会积极参与庆典活动，凑个热闹。博物馆、剧院、基金会、大学乃至社区中心等都会举办活动，介绍中国春节文化，中小学校还会教孩子剪纸，做红包、灯笼以及中国龙。伦敦华埠商会主办的特拉法加广场春节庆典，已经成为伦敦著名的旅游品牌。有一年的大年初一，30 万人在伦敦特拉法加广场齐声高呼“恭喜发财”，盛况空前。

澳大利亚：市长发红包添喜气

悉尼的唐人街地处中央车站与达令港之间的喜市，是澳大利亚最大，据说也是南半球最大的唐人街。该地商店林立，出售大量的艺术品、装饰品、餐具、茶具和草药等商品。

从除夕开始，这里的唐人街就人声鼎沸。人们着华丽新衣，品美味食物，欣赏舞龙舞狮表演……中国传统的新年符号，一样也不会少。有些人为了看舞龙舞狮，还会早早地在唐人街茶楼里占个头位，一边细品粤式早茶，一边感受喜气洋洋的节日氛围。

到了夜晚，整条街道更显热闹。不过，除了在车水马龙的唐人街享受小吃，看看灯展，不少华人华侨还会一家人“齐齐整整”地守在电视机前看春晚的海外直播，或者前往亮起“中国红”的悉尼歌剧院观看新年特别表演，到海港大桥看烟花……

这些年，中国时兴用微信抢红包，用支付宝集五福，而悉尼的唐人街发红包的方式也十分特别。大年初一一大早，悉尼市市长就带上人马，在唐人街逐家逐户派红包。就连黑头发黄皮肤的游客，也同样可以拿到市长的红包，沾沾喜气。

日本：春节祭典贺大年

日本横滨的唐人街又称中华街，创建于19世纪中期，是世界上规模较大的唐人街之一。当地有近500家店铺，餐厅里有粤菜、北京菜、上海菜和川菜等不同菜式供选择。

事实上，日本在明治维新之前，还是与中国一样采用旧历，并过旧历新年，但是从明治维新起，日本人废除旧历改用阳历，现在日本人过年也都是过新历年。

不过即便如此，春节时在横滨的中华街依然热闹非凡。在每年举行的“春节祭”活动中，日本的和太鼓和古装表演等节目也会加入中国的舞龙舞狮、变脸和杂技等表演队伍中来，人气少年组合和日本武将队等也会倾情加盟，可谓群英荟萃，精彩纷呈。不仅如此，油条豆浆、羊肉串、刀削面和包子等中国东西南北各地小吃都会各展绝活，为人们带来集视觉、听觉及味觉于一体的一场盛宴。

此外，每逢春节，就会有成千上万的中国人到海外度假，这是日本旅游业、商业甚至交通部门都不可忽视的重要客源，不少商家都围绕着中国春节做文章，媒体报道和广告上“旧正月”“春节商战”等字眼频频出现。可以说，中国春节对于日本民众来说，并不陌生。

泰国：拱手、合十致吉祥

位于泰国曼谷老城区的唐人街，其繁华程度在东南亚各地的唐人街中堪称魁首。街区长约2公里，是曼谷最繁华的商业中心，已有近200年历史。这条唐人街挤满了卖东西的摊位，是泰国众多富贾商户的发家之地，数以千计的商号店铺悬挂着各种醒目的中文招牌。

泰国王室成员和高官曾多次在春节时光临唐人街，给华人拜年。

春节期间，泰国华人开的商店一般停止营业。除夕，各家各户都举行祭祖仪式，然后全家围坐在一起吃团圆饭。

在异国他乡工作，亲戚朋友本就不多，在唐人街里的华侨华人虽然来自祖国各地，但邻里堪比家人。每逢大年初一，大家都会穿上新衣服，拱手、合十，相互拜年，互致“吉祥如意”。

新加坡：共捞鱼生祈好运

新加坡的唐人街叫牛车水，早年这一带的饮水都是用牛车运来的，故此得名，反映了早期华人创业的艰苦。新加坡是一个多民族、多元文化的国家，一年中各种民族节日很多。因为这里的华人占总人口数的75%以上，所以春节的热烈和喜庆程度，比起中国内地和港澳台地区毫不逊色，甚至更加隆重。

每逢春节，新加坡华人家家户户写春联，贴“福”字，屋里屋外红红火火；买年货，做年菜，团圆饭吃得热热闹闹；拜年、祝福、送红包和压岁钱，一样也不少，就图个大吉大利。春节时唐人街市场上，华人风味食品、中国民族服饰，传统的吉祥物等商品林林总总，各处张灯结彩、人山人海，景象繁华。

此外，南洋华人还用独特的方式来欢庆春节，比如，一家人欢聚一堂行“捞鱼生”仪式。“捞鱼生”是一种菜式，以生鱼条为主食，加以有色蔬菜和水果丝、白芝麻、花生碎，调和五香粉、胡椒粉、酱汁等，装成一个大盘。“捞鱼生”仪式开始时，由一人发令，其他人一起把大盘中的菜物高高地捞起，并齐声高喊“捞起，捞起（捞喜），捞到风生水起，一年好过一年”，以祈求来年好运，能发大财。

（资料来源：https：//wenku. baidu. com/view/b8cb7c96974bcf84b9d528ea81c758f5f71f2944. html，有删改）

第三章 春龙节

导语

农历的二月二，被称为春龙节，这个节日通常是在惊蛰（中国农历二十四节气之一）之后的几天。“惊蛰”，按传统说法，指的是“龙动”。在寒冷的冬季，龙一直在地下沉睡，一声春雷，把沉睡着的龙给惊醒了。所以这一天，老北京的很多习俗都跟龙有关。

妇女们在这一天不能做针线活，因为龙在这一天要抬头仰望，使用针会刺伤龙的眼睛；有些地方的妇女停止洗衣服，怕伤了龙皮。

节庆活动

照房梁

二月二在中国农历二十四节气的惊蛰前后，此时各种昆虫包括毒虫的活动开始频繁。在北京地区，民间有“二月二，照房梁，蝎子、蜈蚣无处藏”“二月二，敲瓢碴，十窝老鼠九窝瞎”等民谚。为了避免毒虫的伤害，人们举行一些含有驱虫意味的活动。如用棍棒、扫帚或者鞋子敲打梁头、墙壁、门户、床炕等，驱赶蝎子、蜈蚣、老鼠等害虫。

剃龙头

老北京人有“二月二，剃龙头”的习俗，认为在这一天理发能够带来一年的好运。每逢二月二，家家理发店都是顾客盈门、生意兴隆。对在这一天理发的人来说，重要的不是理发本身，而是讨个吉利。

另外，在民间流传着“正月剪头死舅舅”的说法，所以很多人在腊月理完发后，一个月内都不再光顾理发店，直到“二月二”才“解禁”。其实“正月剪头死舅舅”属于误传，这背后有一个历史故事：

清军入关后，颁布了“剃发易服令”，顺治二年（1645 年）又特别推出了“剃发令”，强迫汉人留满族的发型：把前颅的头发剃光，把后脑的头发编成一条长辫垂下。一开始，许多汉人不同意，特别是江南有地位的人，喊出了“头可断，发不可剃”的口号。剃头这样的小事儿就成了两种文化冲突的焦点，甚至演变成了一场持续多年的政治战争。嘉定一带的百姓，因反对“剃发令”揭竿而起，但胳膊最终拧不过大腿，被清朝统治者残酷镇压。此后，硬抗转入软磨，人们以“正月不剃头”来表达对清朝的不满和对明朝的思念，意为“思旧”。为掩人耳目，诈称“死舅”，久而久之，就讹传为“正月剃头，外甥死舅”了。

吃“驴打滚儿”

“驴打滚儿”是一种豆面糕，北京清真风味小吃，是用蒸熟的黄米（或糯米）揉成团，撒炒熟的黄豆面，再加入赤豆馅心，卷成长条，撒上芝麻、桂花、白糖制作而成的。由于清代经营食摊现制现售“驴打滚儿”时，一边擀压面团一边铺撒豆面，犹如郊野毛驴就地打滚粘满黄土，所以就有了这个诙谐的名字。旧时的老北京人喜欢在农历二月二买“驴打滚儿”品尝。如今“驴打滚儿”在超市和饭店里都能买到，成为一种常见的北京小吃。

吃“龙鳞”

二月初二既然是“龙抬头”之时，许多食品就与龙牵扯在一起。按照老北京的习俗，“龙抬头”的日子得沾点儿“龙气儿”，所以要吃“龙头”“龙胆”“龙鳞”“龙须”。“龙头”是猪脸，“龙须”就是面条，“龙胆”是油炸糕，“龙鳞”其实就是春饼。

老北京人在这一天吃春饼，又称吃“龙鳞”，比较讲究的食用时还搭配“合菜”。吃春饼叫作吃“龙鳞”，是很形象的，一个比手掌大的春饼就像一片龙鳞。春饼有韧性，里面可以卷很多菜，如酱肉、肘子、熏鸡、酱鸭等，将这些菜切成细丝，和几种家常炒菜如肉丝炒韭芽、肉丝炒菠菜、醋烹绿豆芽、素炒粉丝、摊鸡蛋等一起卷进春饼里，蘸着细葱丝和淋上香油的面酱吃，真是鲜香爽口。

接“姑奶奶”

二月初二还有一项重要的活动就是接“姑奶奶”，即娘家人接回已出嫁的女儿，故有“二月二接宝贝儿”之说。老北京人的礼数多，其中之一便是正月里“姑奶奶”是不能住在娘家的，初二到娘家拜了年后，必须当天赶回婆家，新婚不久的“姑奶奶”更是如此。但到了二月初二，娘家人就来接女儿回去，住上几天或半个月，原因主要有两个：一是女儿正月里忙活了好长时间，比较劳累，故将女儿接回娘家好好歇一歇；二是新的一年刚开始，又要忙碌了，所以要犒劳犒劳她，一般是用春饼，也就是薄饼来款待。“姑奶奶”被接回来的日子里，除了吃喝，就是串门子聊天儿，轻松而愉快。

实践与互动

留学生理发难

在留学生圈，流传着这样的段子：“如果你的好闺蜜还没有身体不适就不去上课了，并且谁都不想见，你放心，她不是抑郁了，八成是昨天刚去理发了。”可见，不少留学生都有一部关于剪头发的“辛酸史”。很多中国留学生出国前都去理个发，有的人带齐了理发的工具到国外，准备“自力更生”。一位在北京留学半年的日本女学生说：“我还是等明年回日本以后再剪头发，因为我不知道怎么跟理发师傅说明白我的意思。”

叙述你或你的朋友在北京理发的一段经历。

延伸阅读

二月二，剃龙头

“二月二，龙抬头。”每年农历二月初二，京城不少理发馆会生意火爆。通常天还没亮，就有顾客赶到王府井的老字号理发店四联美发店门口排队。除了有店面的理发馆人气火爆外，街头巷尾的退休老手艺人的理发摊位也迎来不少顾客。

“正月不剃头”这个观念仍保留在一些市民心中，他们习惯过了正月再剃头。四联美发店早已提前在门面儿挂起了印有“龙抬头”字样的红色展板。

凌晨3点30分，来自通州的张先生便起床，简单收拾后驱车来到四联美发店，为自己和朋友各排了一个号，期望能排在首位，图个好彩头。

凌晨5点，店面开门，已在门外候了多时的三名顾客进店取暖。

清晨6点30分，师傅们陆续赶来。排在首位的张先生要等待熟悉的理发师换衣服，来自大兴的郭先生，则到已经准备完毕的一位师傅处开始理发。

“坚持了十多年了，就来这儿。”郭先生称。几乎每年二月初二，他都会来这里，排在前几位剃头。“来得早了，早早剃完就能回去，来晚了，排队时间就没准了。”他说。

上午7点，店内已有20多位顾客排队等候，20多位理发师傅也全部到岗工作。过了9点，沙发上已经坐满了人，“男活儿”居多。店员口中的“男活儿”，是指男士理发。共四层楼的四联美发店内，最火爆的就数二楼的“男部”，中老年人和年轻人都不少。

作为老字号理发店，四联美发店已有60年的历史，老北京人经常光顾。在这里，基本的洗剪吹，花费60元左右。剃头、刮脸、刮光头是这些老字号理发店必备的手艺。

“半夜3点就睡不着了，想着要早起，怕误事儿。”店里的一位女师傅称。

“我5点多就起床了，倒了两趟地铁过来，车厢都是空的。”6点半就到店里的刘师傅，接老父亲的班，在这里传承手艺。这位已在店内工作35年的老师傅，丝毫不敢怠慢，早上第一个到了店。

四联美发店董事长吴秀敏介绍，店内比平时提前了2小时迎宾，棉织品也比平时增加了3 000多套，并打印了500个排队用的号牌。

“今天要求员工全员上岗，吃饭时间也不能空椅子，必须有人上岗轮换。”吴秀敏称。店内也营业至晚上9点才收班。另外，店内还为排在前20名的顾客准备了洗发、护发用品作为礼物。

上午9时许，左安门环岛东南角处有5位身穿白大褂的老师傅为附近居民剪发剃头。街边插着一块小纸板，写着“退休专业理发”，上面显示理发只需5元，剃头、刮脸、毛寸等项目5元到8元不等。优惠的价格，吸引了不少附近的居民前来排队，等候理发。

“我们都是自发过来的，几十年了就干这个。90年代初的时候，我们就在街边帮人理发，那会儿才收几毛钱。”有着26年理发经验的高师傅已经是左安门环岛下的“常驻”老师傅，用来装剃刀等用具的布袋在一旁树枝上挂着，自带的小板凳横摆着。高师傅穿着自己买的白大褂，戴着口罩，开始为等候着的顾客理发。好技术会带来回头客，这是高师傅等人能常驻于此的原因。

等着理发的人中有一位头发花白的老人，腿脚不便的他坐着电动轮椅赶来理发。“基本上一个月来一次，就找这个师傅，信得过。”这位87岁的老人也想在农历二月二“剃龙头”，赶个好彩头。

（资料来源：摘自《新京报》，2016年3月11日，有删改）

第四章

清明节

导语

清明节，是农历二十四节气之一，也是一个重要的民俗节日。清明节原本是在寒食节之后的一个节日，寒食节用来纪念春秋时期晋国的忠义之士介子推。秦汉时期，寒食节慢慢增加了扫墓的习俗，因为和清明这个节气很接近（就差一两天），久而久之，到了唐代两者便合而为一，形成了我国现在的传统节日——清明节。清明节既是一个扫墓祭祖的肃穆日子，也是人们亲近自然、踏青游玩、享受春天乐趣的欢乐节日。老北京清明节流行的习俗有扫墓、吃寒食，以及去城隍庙烧香还愿。

在老北京人的观念中，逝者依然活着，只是生命的形态改变了，所以在祭扫中，以照顾、安慰和感念的情绪为主，这与今天的人单纯地表达哀思有很大不同，它的寓意更为丰富：一是通过祭祀，寻找先人的精神力量；二是反省和提醒自己，不能愧对先人和后代。

在中国明、清时期，皇家非常重视清明节，其为“三大祭”之一，所有官员必须参加，要用动物祭拜，祭拜仪式繁复冗长，其间，不允许咳嗽，否则会遭到斥责。

皇家如此重视清明节扫墓，有以身作则的意味。在过去，感念先人恩德，是道德教育和责任教育的重要组成部分，皇帝必须做好表率作用。官员在清明节时还可请假，皇帝却很难请假，否则就会被认为荒淫无道，失去臣民的爱戴。这种感念先人的氛围在老北京文化中影响深远，即使是穷人家，过年时哪怕吃不起饺子，也要给先人的牌位准备祭品。

清明节气一般是在公历 4 月 5 日或前后，扫墓祭祖的天数近 20 天。清明节与端午节、春节、中秋节并称为中国四大传统节日。2006 年，清明节被列入第一批国家级非物质文化遗产名录。

节庆活动

建坟圈子

旧时，出了北京城门往郊外走，时常看到一些绿树环绕的坟地，俗称“坟圈子”。“坟圈子”多坐北朝南或坐西朝东，有的还建有虎皮围墙，入口在正南或正西侧，外围以林木环绕，植有柳树、槐树、柿树、松树、柏树等，以松树和柏树居多，因为松树和柏树四季常青，象征着逝者千古永存。松树根系较深，种植松树还可起到水土保持、保护坟冢的作用，所以“坟圈子”也称“松树圈子”。七八十年前的京郊，“坟圈子”数以百计，又因其周围多是蛮荒野地，人烟稀少，远远望去，给人一种阴森森的感觉。

与明清时的王爷坟、公主坟相比，“坟圈子”的规模要小得多，里面为一座或数座坟墓，坟前立有墓碑，另设石桌、石凳，有的还置有王八驮石碑等。“坟圈子”规模的大小和置物的多少可以显示出墓主的身份和家业的大小。这些“坟圈子”多集中在所谓的上风上水之地，以今天北京三环路至五环路之间居多，按区域看，多在海淀、朝阳、丰台这几个区。

“坟圈子”的墓主人可不是一般人，多为有权有钱的人家，一部分是清末民初没落的皇亲国戚，一部分是民国时期有钱有势的大户，其中不乏军阀、富商。“坟圈子”多以墓主的姓氏而称，如王家坟、孙家坟、白家坟等。

民国以前，一些大的“坟圈子”还有专人看守，多在“坟圈子”旁盖上两三间房，供看坟人及家眷常年居住。墓主的后人只有到了清明节才到此扫墓，烧纸钱。

民国时期兵荒马乱，盗墓贼很多，一些大的“坟圈子”便被盗墓贼光顾。1944 年，在所谓的“献木供木”运动中，一些“坟圈子”的百年松柏树被大量砍伐。一些大户人家败落后也无暇顾及祖坟，有的甚至拆掉坟地里的建筑材料或将树木砍伐变卖。

到中华人民共和国成立初期，京郊的许多“坟圈子”已破败不堪。20 世纪五六十年代，随着农村平整土地和城市建设规模的扩大，许多“坟圈子”被毁掉，有的被改成农田，有的建成工厂或住宅区，许多上百年的松柏树被砍伐了。如今在五环以外尚可看到极少的“坟圈子”，其松柏树的树龄多在百年以上。

香山脚下北京植物园内就有几处“坟圈子”，一处较大的在南门东侧，在卧佛寺东南侧也有一处。此外，在北五环路上清桥下也有一处“坟圈子”，那里的几棵古松依然苍劲，只是其中的大宝顶已经破败。

扫墓

扫墓，也称上坟，按照老北京的习俗，一般在上午从家里出发去往坟地。扫墓时，先要修整坟墓、培添新土、清除杂草，之后把馒头、肉食、点心、水果、酒等供祭在祖先墓前，再将带来的纸钱焚化，然后叩头行礼祭拜。回家前，人们要在墓地把带去的食物吃掉，因为食物不能再带回家。

中国人受传统文化影响，有着强烈的家庭观念，祭扫祖先正是这种文化的一种体现。即使到了今天，人们在清明节前后仍有上坟扫墓祭祖的习俗：铲除杂草，放上供品，在坟前上香祭拜，烧纸钱，或简单地献上一束鲜花，以寄托对先人的怀念。在京郊农村，人们在清明节这一天不能外出工作，因为扫墓当天全村每家都得有人参加，谁家要是缺席的话，会被说闲话的。

吃寒食

清明节和寒食节融合以后，这一天讲究家家户户不起火，不吃热的东西，而是吃前些天预备下的冷食，包括寒食粥、寒食面、寒食浆、青粳饭等，喝的有春酒、新茶、清泉甘水等。

豌豆黄儿

驴打滚儿

艾窝窝

焦圈儿

螺丝转儿

芝麻酱烧饼

今天北京“寒食十三绝”的节令食品就非常有代表性。所谓的十三绝，包括豌豆黄儿、糖卷馃、驴打滚儿、艾窝窝、姜丝排叉、硬面饽饽、焦圈儿、螺丝转儿、马蹄烧饼、奶油炸糕、蜜麻花儿、馓子麻花儿和芝麻酱烧饼。这些食品在食品店、老字号饭馆，以及清真和仿膳等特色餐厅都能买到。

去城隍庙

老北京清明节的习俗之一，是要在这一天去城隍庙烧香叩拜，求签还愿。旧时老北京有七八座城隍庙，庙里供奉的城隍爷，是那时除了灶王爷、财神爷之外，百姓最信奉的“爷”了。

城隍庙在每年的清明节开放，人们纷纷前往求签还愿，那时，庙内有戏台演戏，庙外有各类商品买卖，异常热闹。据记载，在民国初时还有城隍爷出巡的活动，人们用八抬大轿抬着藤制的城隍爷在城内巡游，后面跟着秧歌、高跷、五虎棍等表演队伍，边走边演，所经街市观者如潮。

插柳

清明节插柳也是一项传统习俗，柳可以插在门上作为装饰，也可以插在屋檐下预测天气，还可以插在院子外面。柳树的生命力极强，很容易扎根活下来。

每到清明节，老北京人不仅要在门上插柳，而且还要以柳枝代簪。在春天，摇曳的柳条，总给人以欣欣向荣之感。古人送行时常折柳相赠，也有这样的寓意：离别去他乡的友人，正如离枝的柳条，希望他到新的地方能很快地生根发芽，好像柳枝之随处可活。柳枝象征着对友人的美好祝愿。

清明戴柳与植树有关，北京西郊门头沟区的斋堂川有“清明不栽柳，死了变成狗”的民谚，提倡在清明节植树。1915 年，在孙中山先生倡导下，植树节定在清明节这一天。值得一提的是，古人所植的柳树与今天不同，枝条并不下垂，而是向上，枝条下垂的柳树是从西方引进的，明代才进入中原。明代的海外贸易发达，出口了大量瓷器，许多系定制生产，西方人将图样送到中国，匠人按图制作，正是通过这些设计图案，中国人才第一次知道垂柳。由于垂柳姿态更美观，渐次普及开来，从而完全改变了人们对柳树的印象。

踏青

踏青，又叫踏春、春游、探春、寻春。每至春回大地，草木皆绿的清明时节，天气变暖，人们便脱下长布衫，走出四合院，三五成群到乡野山间赏景，或者放风筝、荡秋千、拔河、斗鸡、戴柳、斗草、打球等。从清代乾隆年间起，许多地方志和地方文献中都记载了清明时节踏青、放风筝的情景。老北京踏青的地方有陶然亭、窑台、蟠桃宫、凉水河、九龙山等处。

在许多现代人眼中，清明节是一个祭奠先人的节日，甚至觉得这是个令人不快的日子。其实，传统清明节的活动多姿多彩。一方面，一年中祭奠先人的节日很多，人们习以为常，已不觉有异；另一方面，清明时节正值春光明媚，万物复苏，此时走向郊野，有助于身心健康。今天，春游踏青仍是人们喜欢的活动，人们把祭祖扫墓和郊游踏青结合起来，既追思先人，又健康身心。

放风筝

在北京，放风筝是人们消灾祛难的手段，按传统习俗，不能去拾别人的风筝，据说这会沾上别人的晦气。也有人在放风筝时，把所有的烦恼写在纸上，让它随风筝飞上蓝天，认为这可使一切烦恼都随风而去。北京东直门外有座铁塔寺，每年立春之日，寺外广场上都会举行风筝大会，各路风筝云集寺前，是老北京的一道靓丽的风景线。

荡秋千

荡秋千是中国古代清明节的习俗之一。秋千，意即揪着皮绳而迁移。它的历史很古老，最早叫千秋，后改称秋千。古时的秋千多以树丫枝为架，拴上彩带做成，后来逐步发展为用两根绳索加上踏板的秋千。荡秋千不仅可以增进健康，而且可以培养勇敢精神，至今为人们特别是儿童所喜爱。

秋千之戏在南北朝时已经流行。在唐代，荡秋千已经是很普遍的游戏，并且成为清明节习俗的重要内容。由于清明节荡秋千随处可见，元、明、清三代定清明节为秋千节，皇宫里也安设秋千供皇后、嫔妃以及宫女们玩耍。如今的公园和游乐场仍然有秋千，供儿童玩耍。

蹴鞠

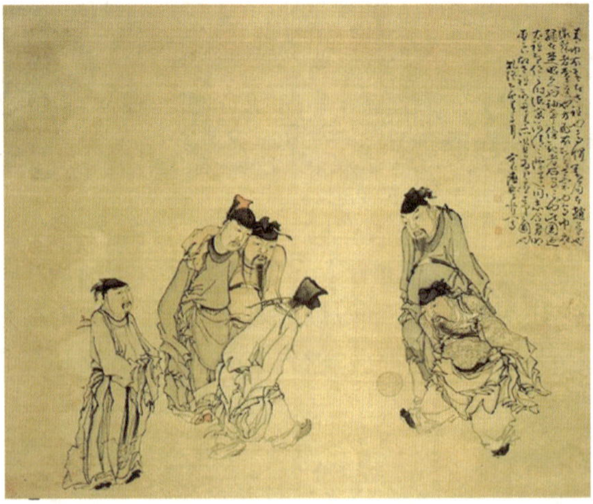

蹴鞠，就是用脚去踢球的一种游戏。鞠是一种皮球，球皮用皮革做成，球内用毛塞紧。这是古代清明节时北方地区的人喜爱的一种游戏，类似于现在的踢足球。它最初是用来训练士兵的，主要有两种玩法：一是踢高，可练脚力；一是颠球，可练灵巧。与现代足球相比，蹴鞠更趋于表演性，而非竞争性。女子之间和男女之间可以一同进行这种游戏，大家就是为了图一个乐。

据史料记载，到了唐代，皮革制鞠的工艺有了很大的进步，球体更轻盈，弹性更好，比赛的规则也进一步科学化。游戏所用球门也从汉代的多球门变成了单球门，球队的较量减少了身体对抗的部分，而更加注重对球的精准掌控技巧。到了宋代，蹴鞠作为一项体育运动广泛流行，那时候已有了专业的书籍介绍这项运动的规则。

随着蹴鞠玩法的多样化和身体对抗性的减弱，女性也加入蹴鞠的行列中。唐代组建了皇家女子蹴鞠队，在寒食节这一天比赛，优胜者可以得到赏赐。

实践与互动

古诗《清明》赏析

清明

（唐）杜牧

清明时节雨纷纷①，路上行人欲断魂②。

借问③酒家何处有，牧童遥指杏花村。

注释：

①纷纷：形容多。

②断魂：形容伤感极深，好像灵魂要与身体分开一样。

③借问：请问。

译文：

清明节这一天细雨纷纷地飘洒着，路上的游子更是悲伤而凄凉。

我向当地人打听哪儿有酒馆，有个牧童指着远处的杏花村。

说说你对这首古诗的理解。

延伸阅读

介子推的传说

关于寒食节、清明节，历史上有这样一个传说：

相传春秋时代，晋献公的妃子为了让自己的儿子继位，设毒计谋害太子申生，申生被逼自杀。申生的弟弟重耳，为了躲避祸害，流亡出走。在流亡期间，重耳受尽了屈辱。原来跟着他一道出奔的臣子，大多陆陆续续地各找出路去了，只剩下少数几个忠心耿耿的人，一直追随着他，其中的一个人名叫介子推。

有一次，重耳饿晕了过去。介子推为了救重耳，从自己大腿上割下了一块肉，用火烤熟了给重耳吃。19 年后，重耳回国做了君主，是为晋文公。他执政后，对那些曾和他同甘共苦的臣子大加封赏，唯独忘了介子推。有人在晋文公面前为介子推叫屈。晋文公猛然忆起旧事，心中有愧，马上差人去请介子推上朝受赏封官。可是，差人去了几趟，介子推不来。晋文公只好亲自去请介子推。当晋文公来到介子推家时，只见大门紧闭。介子推不愿见他，已经背着老母亲躲进了绵山（今山西介休市东南）。晋文公便让他的御林军上绵山搜索，但没有找到。于是，有人出主意说，不如放火烧山，三面点火，留下一面，大火起时介子推会自己走出来的。晋文公于是下令举火烧山，孰料大火烧了三天三夜。大火熄灭后，终究不见介子推出来。晋文公上山察看，发现介子推母子俩抱着一棵烧焦的大柳树，已经死了。晋文公望着介子推的尸体哭拜一阵。在安葬介子推遗体时，他发现介子推的脊梁堵着个树洞，洞里好像有什么东西。晋文公掏出一看，原来是片衣襟，上面题了一首血诗：

割肉奉君尽丹心，但愿主公常清明。

柳下作鬼终不见，强似伴君作谏臣。

倘若主公心有我，忆我之时常自省。

臣在九泉心无愧，勤政清明复清明。

晋文公将血襟藏入袖中，然后把介子推和他的母亲分别安葬在那棵烧焦的大柳树下。为了纪念介子推，晋文公下令把绵山改为“介山”，在山上建立祠堂，并把放火烧山的这一天定为寒食节，晓谕全国，每年的这一天禁忌烟火，只吃寒食。走时，他伐了一段烧焦的柳木，到宫中做了双木屐，每天望着它叹道：“悲乎足下！”“足下”的称呼，据说就来源于此。

第二年，晋文公带领群臣，素服徒步登山祭奠介子推。晋文公行至坟前，只见那棵老柳树死而复活，绿枝千条，随风飘舞。晋文公望着复活的老柳树，像看见了介子推一样。他敬重地走到老柳树跟前，珍爱地掐下了一段柳枝，编了一个圈儿戴在头上。祭扫后，晋文公把复活的老柳树赐名为“清明柳”，又把这一天定为清明节。晋文公常把血襟带在身边，把血诗作为鞭策自己执政的座右铭。他勤政爱民，励精图治，把国家治理得很好。

此后，晋国的百姓得以安居乐业，对有功不居、不图富贵的介子推非常怀念。每逢介子推的忌日，大家以禁止烟火来表示纪念，还用面粉和着枣泥，捏成燕子的模样，并用杨柳条串起来，插在门的上方，召唤他的灵魂，称之为“之推燕”。从那以后，寒食节、清明节成了全国百姓的隆重节日。每逢寒食节，人们即不生火做饭，只吃冷食。在北方，老百姓只吃事先做好的冷食如枣饼、麦糕等；在南方，人们则多吃青团和糯米糖藕。在清明节，人们把柳条编成圈儿戴在头上，把柳条枝插在房前屋后，以示怀念介子推。

（资料来源：https：//baijiahao. baidu. com/s？ id=1596909890611139829&wfr=spider&for=pc，有删改）

第五章 端午节

导语

端午节，又称端阳节、龙节、重午节、龙舟节、正阳节、浴兰节、天中节等。它是中国民间的传统节日，有2 000多年的历史。端午节与春节、清明节、中秋节并称为中国四大传统节日。

关于端午节的来历，有很多种说法，其中“纪念屈原”之说最为普遍。端午节的庆祝活动丰富多彩，有祭神祭祖、吃粽子、赛龙舟、挂菖蒲和艾叶、饮雄黄酒、吃五毒饼、挂钟馗像、戴五彩“粽子”等。

在老北京的民俗中，端午节是一个大节日，也称“五月节”，因为这一天里，皇帝可以不上朝，老百姓需敬神祀祖，妇女可携子回娘家看望，朋友们可以借此聚聚会，全城呈现出热闹的节日景象。

节庆活动

祭神祭祖

端午节一开始主要流传于南方百越部族之中，并作为一种“图腾祭”出现。南方百越先民以“龙”为图腾，并选择在端午节对其进行拜祭，在当时，端午节其实是拜祭龙祖的节日。

后来，端午节与历史上的一些名人产生了联系：屈原是忠于国家的代表，文天祥是民族气节的代表，钟馗是主持正义的代表。

旧时北京的文人有端午节到通惠河边的三忠祠上香的传统，祠内供奉着诸葛亮、岳飞、文天祥等人的塑像。

挂菖蒲、艾叶

古时候的北方人把端午节视为“毒日”“恶日”而避之。其实这是由于北方夏季天气燥热，瘟疫易流行，加上蛇虫繁殖，易咬伤人，这才让当时的北方人逐渐形成了“避五毒”“躲端午”的习俗。

为了驱邪避灾，老北京人过端午节时大多在院门前和房檐下面挂菖蒲、艾叶。菖蒲临水而生，常见于水边、沼泽，它的叶子形状似剑，民间方士称之为“水剑”，说它可“斩千邪”；艾，又名艾蒿，它的茎和叶都含有挥发性芳香油，它所产生的奇特芳香，可驱蚊蝇、虫蚁，净化空气。中医把艾叶列入治病的药材。

菖蒲是多年生水生草本植物，它狭长的叶片也含有挥发性芳香油，是提神通窍、健骨消滞、杀虫灭菌的药物。而艾蒿生命力强盛，介于灌木和小乔木之间。山林里、田野边和马路两旁，都有它们的影子，就好像旱地上的芦苇。从五月初起，各家将菖蒲和艾叶挂在门的两旁，这两样东西又被称为“蒲剑”“艾虎”。

在端午节，人们还用菖蒲的根部刻成“小人儿”“小葫芦”等形状，挂在孩子脖子上，以求吉利，因为“葫芦”有收五毒的作用。有的还用菖蒲根泡酒，认为喝了能健康长寿。佩戴用艾叶做的香囊也有辟邪防病的效果。

游天坛

旧时北京的端午节还有游天坛的风俗。辛亥革命以后，北京人在端午节时以去昔日皇家园林游玩为时尚，天坛则是最受欢迎的一个地方。天坛是皇帝祭天的圣地，人们认为仰仗天神之力可以“避毒”，而且在天坛还可以游乐，一举两得。所以五月初五一大早，老百姓通常全家出动，携带雄黄酒、玫瑰饼、五毒饼及应时鲜果，围坐在天坛松林之中，观园中美景，品节令美食。

端午节也正是北京石榴花开的时候，老北京的天坛会举办石榴花会，家家户户都把女儿打扮得漂漂亮亮，头戴一朵石榴花。

除皇家园林外，什刹海、金鱼池、高梁桥和二闸等地也都是旧时老北京人在端午节爱去游玩的地方。

戴五彩“粽子”

五彩“粽子”的内壳是用硬纸叠成的，“粽子”的外面缠上五彩丝线，连成一串。端午节这一天将五彩“粽子”佩戴在身上，有祈福增寿的寓意。

过女儿节

老北京的端午节还有一个名称叫“女儿节”。出嫁的女儿要在端午节的时候回娘家探亲。端午节这一天，手臂上系着彩色丝线、胸前戴着红绒花的探亲小媳妇成为北京的一景。

现在还有许多地方称端午节为“女儿节”。订婚的男方要给未来的岳父母家送节礼，如果准备在下一个端午节前结婚，还要正式送大礼，主要有给长辈的酒和肉以及给未婚妻的衣物。而媳妇回娘家，要带去酒和肉，同时娘家也给女儿和女婿一些礼物。

扔灾

端午节还有“扔灾”的习俗。节前，手巧的妇女以五彩绫罗制成葫芦、樱桃、桑葚、瓜豆、葱、蒜以及小老虎等的形状，并用彩线串起来，五月初一那一天系于小儿的钗头或背上、胸前。小姑娘用硬纸条叠成菱形“粽子”，缠上五彩丝线，戴在身上；男孩则在颈上挂一个葫芦，里面装着“五毒”（用纸剪的蛇、蝎子、蜈蚣、蟾蜍、壁虎），意思是“收”了五毒，五月初五午时之后摘下来，连同贴在门楣上的剪纸葫芦也一起揭下来，统统扔到门外，据说这样就可以扔掉身上的晦气。

喝雄黄酒

老北京人在端午节有喝雄黄酒的习俗。一般所饮用的雄黄酒，是在白酒或自酿的黄酒里加入微量雄黄制成的。雄黄酒有杀菌、驱虫、解五毒的功效，中医还用它来治疗皮肤病。在没有碘酒之类消毒剂的古代，用雄黄泡酒，可以祛毒解痒。未到喝酒年龄的小孩子，大人则在他们的额头、耳鼻和手足心等处涂抹上雄黄酒，意在消毒防病，防虫豸叮咬。

端午节这一天，孩子们手里拿着艾叶，头上戴着菖蒲，额头上用雄黄酒写了“王”字，以辟邪防疫。同时，把雄黄酒洒在墙角、床底等处，可以驱虫，清洁环境。

吃五毒饼

老北京的端午节从五月初一开始，持续到五月初五。除了吃粽子，挂菖蒲、艾叶，喝雄黄酒外，老北京人还有吃五毒饼的习俗。五毒饼是人们为端午节特制的一种圆形糕点，上面印着五毒（蛇、蝎子、蜈蚣、壁虎、蟾蜍）图案。据说吃了五毒饼可以增强抵抗力，灭虫免灾。

吃玫瑰饼

五月初一给神佛和祖先祭祀的供品撤下来后，就成了全家的食品。普通人家只供类似桃酥的五毒饼，初五晚间便撤下供品；中等人家再供上江米小枣粽子和鲜果，每天都换新的。

有钱人家供的是玫瑰饼，以京西妙峰山当年产的玫瑰花制成的饼最为高贵。玫瑰饼用玫瑰花和拌匀后的蜂蜜做馅，制成饼状，入平底锅烙熟，又称为“端午饽饽”，分为酥皮、硬皮两种，是高档的点心，价格很贵，普通人家是吃不起的。端午节吃玫瑰饼是非常吉利的事，普通人家则自己动手蒸玫瑰馅的馒头或甜卷。

吃二米粽子

老北京的粽子也有讲究。与南方的糯米粽子不同，老北京的粽子用江米、黄米以及小枣做成，俗称“二米粽子”。据说，二米粽子要在端午节的头一天包好，第二天吃时才劲道足。小枣以密云产的小枣最有名。食品店里卖的粽子以南味为主，远郊农民推车进城卖的以黄米粽子为主，用马兰草系粽子。

黄米粽子价格比江米粽子便宜。对于一般老百姓来讲，不管是黄米还是江米，反正都是用叶子裹着的，只要吃上粽子，就算过上五月节了。粽子也是一种节日礼品，有钱人家可在粽子中放入多种果料。普通人家也可以包无枣的清水粽。粽子既是节令食品，也可以当正餐。

清代乾隆年间，端午节要摆粽子，除了各佛堂摆粽子供奉外，这一天宫中的主要食物就是粽子，因此有“粽席”之称。那时皇帝、皇后、嫔妃、阿哥和公主等每人的膳桌上都堆满粽子，似小山一样，以供食用。吃粽子前还要做些小游戏，即把许多粽子放在一个大盘子里，大家站在远处用小弓射击，射中的粽子即可先吃。皇帝在这一天还要赏赐给大臣粽子、樱桃和桑葚等食品。赏赐之物由太监专门送至大臣家，就像腊月初八送佛粥时一样，大臣们全家要叩首谢恩。

斗百草

端午节这一天，京城儿童喜欢玩一种叫“斗百草”的游戏。参加游戏的两个人持草相对站立，双手各持一草或花茎的两端，二草相勾。游戏开始后，双方各自把草向自己的方向拉，谁的草或花茎被对方拉断谁为输，然后用“打赢家”的顺序继续赛下去，直至选出最后的胜利者。这就要求参赛者在参赛前注意寻找那些有韧性的草或花茎，这无形中对人们提出了识别花草的要求。最后的胜利者就成为当日的“百草王”。

一种看法认为，最初的斗草游戏很可能跟传说中的“神农尝百草”后产生并发展而成的中医草药学有着密切关系：每年端午节古人出郊外采药，在门上插艾叶，以解溽暑毒疫，而斗草就是古人端午节采草药后歇息时，相互玩耍逗乐的一种休闲游戏。

赛龙舟

赛龙舟，又称龙舟竞渡，是中国端午节的习俗之一。它自古就是大众广为喜爱的一项水上竞技活动。这项活动在中国南方地区普遍存在，而在北京地区，受水域条件所限，其规模比南方要小。

据考证，赛龙舟与图腾祭祀有关，舟上刻有龙的纹样，故称“龙舟”，直到现在，舟头仍为龙头造型，舟体画有龙鳞。每年的端午节前择吉日，龙舟下水，

水手开始训练。比赛前会举行各种祭祀仪式，一般都是点香烛，烧纸钱，供以鸡、米、肉、水果和粽子等。

明清时期，在南方，赛龙舟已成为轰动一时的民俗节庆活动，且已不限于端午节一天举办，要历时一个月。开始的时候，官府还对其进行限制，后来就管得没那么严了。

据记载，清代乾隆年间，皇室在圆明园的福海举办过赛龙舟活动，不过那时候，别说普通百姓了，就是官职比较低的大臣都没有福气见到那壮观的场景，有资格跟乾隆帝一起看赛龙舟的只是一些近支王公、大学士、御前侍卫和内务府大臣等。有时候为了表示特别的优待，也会邀请一些外藩王公和外国使臣前来观看。不过，乾隆帝和嘉庆帝都曾经明确表示不鼓励举办赛龙舟活动，原因是担心在观看的诸皇子心中激发竞争的欲望，进而引发他们对皇位的争夺。

民国年间，北海公园曾举办过赛龙舟活动，成为当年京城的一大盛事。近年来，赛龙舟在北京市各区城乡水域广泛开展，已成为深受群众喜爱的民俗活动和体育运动。据悉，目前北京市共有 200 多支民间龙舟队伍。

实践与互动

五毒肚兜

老北京人在夏天时给孩子穿一种辟邪的衣服，叫“五毒肚兜”，“五毒”一般是指蛇、蝎子、蜈蚣、壁虎、蟾蜍。这几种动物都是带毒的，咬人之后能使人中毒，特别是小孩容易受到这些动物的侵害。五月天气转热，是这些动物活跃的时期，据说在端午节时穿上这种有五毒图案的肚兜可以镇压五毒。节日之前，小孩子，特别是不满一周岁的小孩子，都能得到祖母和外祖母送来的“五毒肚

兜”。肚兜所用的布，一般均是大红色的，五毒图样一般用白色、黑色或绿色，并用其他彩线搭配缝制而成，非常精美，真可以说是一件艺术品。有些做成短裤形状，孩子在整个夏天轮换着穿，一直穿到秋凉。这种短裤，有些小孩可以穿两三个夏天。小孩长大了不能穿了，家人会把它收藏起来或者转赠他人。

说说你了解的其他国家都有哪些驱灾辟邪的习俗。

延伸阅读

屈原的传说

屈原是中国的一位历史名人，关于他的传说有很多。

屈原曾经是楚国的大夫，多次力劝楚王联合齐国共同对抗秦国，可是楚王不但没有接受这些建议，反而重用了身边的一些小人，一味地向秦国迁就让步，割地求和。屈原担心楚国要亡在这批人手里，不断地劝楚王远离小人，招贤纳士，鼓励将士，操练兵马，保家卫国。那些喜欢进谗言的小人把屈原看作眼中钉，他们勾结起来在楚王面前说屈原的坏话，诬陷他。终于有一天，楚王大怒，把屈原革了职，发配到洞庭湖一带去了。

屈原在流放期间，经常和老百姓生活在一起。他看到楚国的老百姓一年到头辛辛苦苦种地，还是经常受冻挨饿，生病没钱医，死了没钱葬，遇到天灾人祸就得妻离子散。《离骚》这首有名的长诗，就是屈原在这个时期写成的。全诗373句，2 490字，倾诉诗人对楚国命运的关心，表达要求革新政治的愿望，以及坚持理想，不与邪恶势力妥协的意志。全诗运用了大量的神话传说，想象力极为丰富，形成绚烂的文采和宏伟的结构，表现出积极的浪漫主义精神，成为中国文学史上的经典之作。

公元前 278 年，秦国攻打下了楚国的国都。屈原听到这个消息，伤心得放声大哭。这时，他已经是 62 岁的老人了。他知道楚国已经没有希望了，自己的土地和人民落在敌人手里，他下决心要和楚国同存亡。就在五月初五这一天，他跳到汨罗江里自尽了。

渔民和附近的庄稼人闻讯后，划着小船去找屈原的遗体。为了不让江里的鱼伤害他的身体，百姓们把竹筒子里的米饭撒入江里。后来，人们把五月初五屈原投江的这一天称为端午节，也叫端阳节，把撒竹筒饭改成投粽子，把小船改为龙舟后在江面上竞赛，用这样的仪式来纪念屈原。在端午节包粽子和赛龙舟逐渐就变成中国的一种风俗了。

（资料来源：http：//www. edu. cn/edu/zong_he/zong_he_zhuan_ti/agjy/agzy/personage/201106/t20110615_634633. shtml，有删改）

第六章 晒霉节

导语

北京地区进入六月以后，天气变得燥热，而且少雨。据史料记载，元代以后，人们把衣物拿到户外晾晒，除霉、除味，达到驱虫的效果。

在老北京，每年六月初一至初七，白云观要举行“晾经会”，把藏经楼里的经书拿出来晾晒，而广安门内著名的善果寺每逢六月初六也要举办“晾经法会”。

“六月六”又叫“洗节”，因为除了晒，还有洗的活动。据史料记载，明朝时期在德胜桥积水的地方，达官贵人要举行仪式，鼓乐齐鸣，洗马洗象，成为全城的一件大事。

此外，中国的很多少数民族在六月初六这一天也有自己的民族节庆活动，如布依族的“六月桥”，苗族的“赶歌节”，瑶族的“半年”“晒衣节”，侗族的“尝新节”，满族的“虫王节”，藏族的“响浪节”，土家族的“晒龙袍”，土族、回族、东乡族、撒拉族、保安族的“花儿会”，等等。这一天是中国民族传统节日最多的日子。虽然不同的民族在同一天过节，但节庆的内容各不相同，呈现出一幅丰富多彩的画面。

节庆活动

看谷秀

“看谷秀”，就是看谷子抽穗的意思。进入六月，北京地区天气炎热，所以谷苗也会长得很快，到了农历六月初六的时候，就会秀出嫩绿色的谷穗来。远远望去，嫩绿色的谷穗随风飘舞，非常美丽，于是就有了辈辈相传的习俗：“六月六，看谷秀，揭开包子一包肉。”意思是六月初六这一天，家家户户都要吃一顿肉包子，希望谷子长得像包子那样饱满、充实，祈望秋收前风调雨顺，秋收时五谷丰登。

晒伏

有民谚云：“六月六，人晒衣裳龙晒袍。”相传“六月六”这一天是龙宫晒龙袍的日子。又有民谚说，“六月六，家家晒红绿”。其中，“红绿”就是指五颜六色的各样衣服。因为这一天，差不多是在小暑的前夕，为一年中气温最高、日照时间最长、阳光最强的日子，所以家家户户多会不约而同地选择这一天“晒伏”，就是把存放在箱柜里的衣服晾到外面接受阳光的暴晒，以去潮，去湿，防霉防蛀。

在“六月六”，民间的轿铺、估衣铺、皮货铺、旧书铺、字画店、药店以及林林总总的各类商店都要晾晒各种商品，城市和农村的黎民百姓要晒衣服、被褥。清代的北京居民，都在这一天翻箱倒柜，拿出衣物、鞋帽和被褥晾晒。

明朝时，这个节日开始官方化，读书人也在“六月六”这一天，将所藏的书籍和字画摊在太阳下晒，说这一天的阳光可杀灭书中的蛀虫，同时也能显示一下自己学问高深。于是，“六月六”就又有了一个名字——“晒书节”。

晾经

“六月六”这一天，北京城里有两件热闹事，一件事是洗象，另一件事便是逛善果寺庙会了。这一天，庙里和尚在院里摆上一排排桌案，把所藏经书一本本打开，平放在案上晾晒。善果寺有藏经楼，收藏经卷数量当年在北方寺庙中属第一，晾经的规模很可观，吸引了很多人来观看。同时善果寺还举行隆重的佛教仪式和晾经法会。那时，庙外空地，商贩云集，人们逛集市，到庙里看晾晒的经书，围观法会，上香礼佛，场面热闹非凡。

传说唐僧从西天取经归来途中，经书掉进河里，赶紧捞起来晒干，而这一天正是“六月六”，后来寺庙里就把“六月六”作为晒经书的日子，有“晾经节”之称。中国许多地方，将“六月六”称为“天赐节”。大大小小的寺庙和道观要在这一天举行“晾经会”，把所存的经书都摆出来晾晒，以防潮和虫蛀鼠咬。旧时的白云观藏经楼里藏有道教经书 5 000 多卷。在每年的六月初一至初七，白云观要举行“晾经会”，届时道士们衣冠整洁，焚香秉烛，把藏经楼里的“道藏”统统拿出来通风翻晒。

洗象

元、明、清定都北京，周边的泰国、缅甸和越南等国每年都要带大象进奉给皇家。乾隆时期，大象最多时达 30 多头，驯象师多达百人。象房当时就设在宣武门内西侧城墙根一带，据说旧址即今天的宣武门新华社大院。明清时期，“六月六”都要举行洗象仪式。

在这一天，驯象师要打着旗，敲着鼓，引着大象出宣武门，到城墙根的护城河中给象洗澡。当天也会临时设置很多茶棚和小吃摊，如同赶庙会一般，观者如潮。为了观看洗象活动，有钱的人家会提早占据附近酒肆茶楼的好位置，以一饱眼福。

赏荷

六月正值荷花盛开，人们也常到什刹海边尝莲品藕。两岸垂柳成荫，水中荷花争艳，在此乘凉、消闲、吃冰食，别有韵味。为了防热消暑，文人墨客常到有庙宇、树荫之名胜地及长河、御河两岸和东便门外二闸等地游玩。

旧时的二闸是通惠河上第二道闸所在地，是春夏之时老北京人观景旅游的胜地。当时通惠河两侧垂柳成行，水波荡漾，运粮船和各种游船穿梭往来。在二闸的闸口处还有一个飞溅的瀑布，岸边还有亭台楼阁、私人花园和一些茶棚酒肆，恰似江南美景。

吃素食

同其他节气一样，“六月六”这一天还有许多专门的食俗。从这一天起，老北京街市上的中药铺和一些寺庙开始施舍冰水、绿豆汤和用中药制作成的暑汤。四合院的主妇们也在这一天开始自制大酱。当天要吃素食，如炒韭菜、煎茄子和烙煎饼等。

实践与互动

“象”与“祥”

大象是地球上最大的陆地哺乳动物，它在中国的分布并不广泛，仅在云南地区存有小的野生种群。在中国传统文化中，大象占据着很重要的地位。中国人喜欢给动物赋予一些吉祥寓意，“象”因为与“祥”谐音，历来受到中国人的喜爱。中国传统的瓷器、玉器、雕刻和纹饰等都有大象的身影。例如，以儿童骑象象征“吉祥”，以象驮宝瓶象征“太平有象”，以象驮如意或象鼻卷如意象征“吉祥如意”，另外还有“封侯拜相”“万象更新”等寓意，就连神仙的坐骑都有大象。

介绍一种有特殊文化寓意的动物。

延伸阅读

象来街的故事

明清两代，北京有六月洗浴之风俗。每到六月，不仅人要把自己洗得干干净净，就连猫、狗、驴和马等也要到河里去洗浴，而其中最有趣的就是洗象了。

自元代起，从泰国、缅甸、越南等东南亚国家进贡的大象，养在皇家象苑中。那些训练有素的大象要组成仪仗队参加紫禁城举行的盛典。据说，当时百官入朝后，大象立刻“以鼻相交，无人敢越”，可以想象当时故宫里仪式的盛大。每到“六月六”，大象就会被拉到宣武门内西侧城墙根的护城河中洗澡。乾隆时期，多达30多头象、百余名驯象师一起出游，场面特别壮观。宣武门内外，钟乐齐鸣，歌吹不断，仪官穿着整齐的官服，打着小旗，导引象群出宣武门向西，走到护城河里洗浴。岸边还搭建了彩棚，数千人聚在河边看热闹，有的人还租下了旁岸的茶楼、酒馆，坐在靠近窗口的座位观看。象群在水中嬉戏玩耍，忽而升出水面，忽而隐入水里，就像一座座小山在河中起起伏伏，有时它们还会调皮地用鼻子喷起水来，好像喷泉一样，逗得岸上的观众十分开心。

因为大象外观壮伟，又极驯顺，从明代起，每逢皇帝上朝或有重大庆典，或逢帝后出行，仪仗队中总爱用些大象，驾辇和驮宝也都用它们。一般的朝会，只用六头象，倘若是盛典，就用得多了。这些大象训练有素，据说它们都有自己的次序和位号，每头大象都按位号食用不同的草料。皇帝上朝时，它们就站在午门西边。皇帝未驾临，它们就随便游荡吃着地上的青草。一旦钟鸣鞭响，表示皇帝要上朝了，它们马上肃立在自己的位子上。待百官进入宫内后，它们将鼻子互相勾连起来，看住大门。这时没有一个人再敢闯入宫里了。退朝时，它们就又恢复了原状。倘有哪头大象出现了过失，就要被贬秩，下次它会自动地站到所贬之位。伤了人的大象要受到杖击的处分。执行刑罚时，另外两头大象用鼻子将受罚的大象的前后两腿分别绞住，使它趴下，接受杖击。杖击之后，它会爬起来“谢罪”。这些大象极有灵性，它们的一举一动都听从驯象人的指挥，还学会了用鼻子模仿丝弦铜鼓等乐器的声音。在表演时，它们要等观看的人给了驯象人足够的钱之后，才昂起鼻子仰起头，发出咿咿呜呜的声音来。

古时人想观看大象不像今天这样方便，除了在皇帝的仪仗队中能看到大象外，要观看大象就必须等到农历的“六月六”。“六月六”正值盛夏，在这一天，属于皇家的宠物按规定都必须洗个澡，当然大象也不例外。那个时候用水没有今天这么方便，庞然大物要洗澡就更得找个宽敞点儿的地方。

北京有个地名叫“象来街”，坐环线地铁从长椿街站下车，出地面顺着前门大街往东走，一直走到新华社大楼为止的一段，就是老北京人说的“象来街”。“象来街”的得名还真跟大象有关，因为元、明、清三代，从泰国和缅甸进贡给中国的大象就是从这条街走进来的，这些大象明代归锦衣卫管理，清代归銮仪卫管理。所有的大象都与驯象人一起在象房居住。象房是明弘治八年（1495 年）修建的，在宣武门内西城墙北。既然皇帝要求进贡来的大象必须从这条街走，老百姓也就顺理成章地把大象走的这一段路叫作“象来街”。

（资料来源：http：//life. gmw. cn/2018-04/22/content_ 28486549. html，有删改）

第七章

七夕节

导语

七夕节，又名乞巧节、七巧节，是中国的“情人节”。

相传在农历七月七日夜晚，妇女们要在庭院里向织女星乞求智巧，故称“乞巧”，这是中国传统节日中最具浪漫色彩的一个节日，也是过去姑娘们最为重视的日子。七夕节乞巧，最早起源于中国汉代，而牛郎织女的传说，使这一节日成为极具浪漫色彩的节日之一。穿针乞巧和陈列花果等习俗，远传日本、朝鲜半岛和越南等儒家文化圈国家。七夕节的晚上，姑娘们摆上时令瓜果，对着天空的朗朗明月祭拜，乞求天上的女神能赋予她们聪慧的心灵和灵巧的双手，让自己的针织女红技法娴熟，更乞求姻缘巧配。

据记载，在七夕节这一天，年轻的女子要穿红戴花，佩戴用五彩绫线结成各式形状的饰品，成群结队地逛街市，希望能碰到一位如意郎君。而北京各个庙会和街市自七月初一起就设置出售乞巧物品的摊位，主要商品有牛郎织女年画，七巧针，乞巧果，祭拜用的蜡烛、香，以及胭脂等化妆品。

老北京的七夕节民俗活动繁多，如拜双星、穿针线、设瓜果、吃巧食、做巧果、看应节戏等，独具地域特色。据记载，清宫里的祭祀活动更为隆重，每年七月初七日，宫中要设供案，奉安神牌，祭祀设供品49种。首先由皇帝拈香行礼，之后皇后、皇贵妃、贵妃、妃和嫔等依次行礼，虔诚祝愿国家“农桑繁茂”。除了宫廷，京城民间七夕节的民俗活动也有讲究。从七月初一开始，京城各大道观立坛祭祀北斗七星，名曰“七星斗坛”。

节庆活动

拜双星

在过去，凡是过节就要烧香，七夕节也不例外，要想和天上的牛郎织女沟通，就要烧香。七夕节之夜烧香祭拜星星，是仪式的重要组成部分。一般人家祭拜星星十分简单，只不过摆个案子当香案，香炉里插上三支香而已，顶多加上两根蜡烛。有钱人家还要摆些水果。

七夕节正值夏秋之际，天上繁星闪耀，一道白茫茫的银河横贯南北，银河东西两岸各有一颗闪亮的星星，它们隔河相望，遥遥相对，那就是牛郎星和织女星，老人们把它们叫“双星”。过去老北京地上没有这么多的路灯，天空也非常透亮，所以七夕节时祭双星是大人教小孩识别天上星星的好时机。未成年的男孩在母亲的指挥下要向北斗星磕头，而不是向双星，因为古代七月七日又叫魁星节、祭星节，据说小孩从小识别北斗星，一辈子走夜路都不会迷路。

祭拜双星的主要是女人，她们把织女当作自己的保护神，老年妇女是为了乞寿，青年妇女是为了乞子，少女是为了乞巧、乞美、乞求美好婚姻，每个人都念念有词，十分虔诚。祭完神后，姑娘们还要成群结队到葡萄架下或井边去“听天语”，据说能听到牛郎织女说悄悄话。有人说，七夕节白天很少见到喜鹊，因为它们都到天上搭鹊桥去了。

丢针乞巧

丢针乞巧活动是在拜完双星后进行的，由老年人给姑娘们每个人一根针、一根线，让姑娘们同时穿引，谁先把线穿进针孔里，谁就算乞到了灵巧和智慧。清代以后，七月初七这一天，部分婆婆、小姑和儿媳，可以不分老幼尊卑同做丢针占卜的游戏。具体做法是在初六的晚上先把一碗水放在花下，到了初七的中午，妇女们将平日缝衣服或绣花用的针小心翼翼地平放在碗中，针浮在水面者就会有运气，沉下水的话就说明这个女子的针线活还欠功力。如果针浮在水面上，投影到盆底，针影美观，如同花朵、鸟兽和云彩等形状，就说明天上的织女已经知道这个妇女乞巧了，谓之有“缘”；如果影子细直，便是“巧”的象征，表示织女赐给她一根灵巧的绣花针，可以绣出美丽的图案；如果水下针影很粗壮，或弯曲不成形，就表示丢针的这个妇女是个笨人，手不灵活，因为织女给了她一根石头做的棒槌。

七夕节时在民间有乞巧活动，宫廷内也充满了娱乐情趣。后宫女子们在七月初六就要用盆盛水，放在太阳底下晒，晒到水面上起一层看不见的薄薄的水皮。第二天她们丢针乞巧，如果针影如梭，就表示将来一定是织布巧手；如果针影如笔，就表示将来是擅长描龙画凤、能出好画样的好手；如果针影细如绣花针，就表示将来是能扎会绣的能手；如果针影两头粗，就是织女嫌你笨；如果针沉到水底，就表示和织女无缘分。太后不亲自投针乞巧，而是热心参与评论。有的宫女为讨太后喜欢，挑选针孔大的针放在水上，太阳光射过针孔投下一个小白点，就说这是织女保佑太后年老眼不花，能健康长寿。这个习俗传到民间，就成了媳妇为婆婆、姑娘为妈妈乞寿求福的一项活动了。

设瓜果

旧时民间还盛行在七夕节设瓜果来乞富、乞子和乞寿。这天夜晚，人们除了站在街市庭院内抬头寻觅织女和牛郎星外，还要搭建乞巧棚，悬挂牛郎织女像，或者设案焚香祭拜。供案均设在庭院或花园里的葡萄架、豆架旁，供案上要陈设用西瓜雕刻的“花瓜”、蜜桃以及其他时令鲜果，有的家庭则摆设精雕细刻的工艺瓜果，有些还摆上妇女常用的胭脂和扑粉之类的化妆品，说这是要献给织女用的。

吃巧食

七月初七，老北京还有“吃巧食”的习俗。四合院里的妇女，这一天要用面粉捏制各式各样的面食，如馄饨、面条、花卷，还有用面粉捏成的小耗子、小刺猬、小兔子等，蒸好后要陈列在院子里的几案上，让天上的织女来比评，看谁做得巧，做得精美。夜晚时分，一家人围坐在院子内，一边欣赏天空的星斗，一边吃着各种式样的“巧食”，其乐融融。

做巧果

传说古代庙会上的“乞巧果子”花样繁多，均与七夕节传说有关，主要原料是油、面、糖、蜜。北京人把油条叫“果子（馃子）”，就与七夕节吃巧果有关。家里人做巧果的时候，小孩子总是喜欢趴在一边看，一个个面剂子被塞进胡桃木的模子里，出来的时候就成了“一条体态丰盈的金鱼”，或是一个喜人的长命锁。孩子们在一边不住地咽口水，急切地盼望着第一锅巧果出炉。

玩七巧板

老北京应节物品中有一种叫“七巧板”的玩具，以七块不同的小木板为一套，可以拼成鸟、兽和人物的雏形，颠倒反复，变化无穷。随盒还有拼合的示范图案，照图拼装就可以了。心灵手巧者，可以拼得比示范图案多很多。旧时七夕节“乞巧”时，拼“七巧图”是一个有特色的项目，不光女孩爱玩，男孩也乐此不疲。

赏应节戏《天河配》

《天河配》讲的是牛郎会织女的故事。天庭织女私自下凡，与以放牛为生的牛郎相爱并结成夫妻。王母娘娘闻讯后派遣天兵天将捉拿织女，并用神针划断天桥，阻止两人相见。路见不平的鹊王率领众鹊鸟搭成了一座鹊桥，让牛郎织女见了面，并迫使王母娘娘应允每年七夕节这一天让牛郎织女相会。

据记载，每逢七夕节前后，旧时老北京的各大戏院都竞相演出京剧《天河配》。据说此戏编演于清末民初，因情节感人，唱腔优美，久演不衰。1921 年的七夕节，京剧大师梅兰芳在东安市场的吉祥茶园演出《天河配》，剧中摆设七巧图、莲池出浴和鹊桥相会等布景，在最后一场，从鹊桥下还飞出成百只鸟雀，舞台设计巧妙，如梦如幻，一时传为美谈。此后，京剧、评戏、河北梆子都在七夕节前后演出此剧，几乎场场爆满，成为非常叫座儿的应节戏。每到七夕节前后，京城便出现戏班争演《天河配》和满城争看《天河配》的盛况。

实践与互动

白色情人节

如果说中国的七夕节有着西方情人节一样的浪漫，那么“白色情人节”则是在情人节之后又发展衍生出的一个新的流行节日，正在被世界各地越来越多的年轻人所喜爱和接受。

白色情人节一般认为是对于西方情人节的延续，在每年 3 月 14 日。

据说日本是最早接受并推广这个节日的国家，在日本，要是在 2 月 14 日收到朋友的礼物（常常是巧克力或鲜花），而且对对方也同样有好感的话，就会在 3 月 14 日回送对方一份礼物，意味着双方已经心心相印了。

介绍一下你知道的不同国家的恋人们过情人节的习俗。

延伸阅读

牛郎织女的故事

相传很久以前，有一个穷人家的孩子，他聪慧而忠厚。一天，他听老人说伏牛山中卧着一头老黄牛，走不动路了，就打算到山里把那头牛领回家来。

他攀越了九十九道山，跨过了九十九道涧，终于看到那头老黄牛正卧在一块平整的大石头上，已经是瘦骨嶙峋了。于是，他趴下对老黄牛磕了个头，喊了一声“牛大伯”，请那头老黄牛跟着他走。

老黄牛睁开了双眼，默不作声，然后又把眼睛合上了。他看老黄牛一副无精打采的样子，心想，老黄牛一定是饿了，就动手给老黄牛拔草吃。老黄牛吃了一捆又一捆，好像总也吃不饱的样子。就这样，老黄牛被他整整喂了三天，终于吃饱了，抬起头对他说：“孩子，我原本住在天上，盘古开天地的时候，地上没有五谷，我偷了天仓的五谷撒了下来，触怒了玉帝，把我从天上踢了下来，摔坏了腿，时至今日还无法动弹。我的伤，需要用百花露水洗 100 天才能痊愈。”

那孩子听了，决定帮助老黄牛。每天清晨，他都去采百花，用花朵上的露水给老黄牛清洗伤口。他饿了就吃山上的野果，渴了便喝几口山泉，晚上就睡在老黄牛的身旁。100 天过去了，老黄牛终于可以站起来了，于是便跟着他一起回家去了。

小孩与老黄牛相依为命，白天去放牛，夜里就和老黄牛睡在一起，于是，人们都称他为“牛郎”。

时光飞逝，转眼间牛郎长大成人了。牛郎的嫂子提出要与他分家，房子和地牛郎都不要，他只要老黄牛和一辆坏牛车。他套上牛，来到村外搭了一座茅草棚，就在这里住了下来。

第二天，老黄牛从嘴里吐出了一颗茶豆 ，并向牛郎点头示意把茶豆种起来。牛郎把茶豆种在门前，没几天茶豆就长出了秧，于是牛郎就搭起了个架子。又过了几天，茶豆秧便爬满了架子。老黄牛对他说：“你夜里藏在茶豆架下，能看到天上的仙女们，天上的仙女也能看见你，谁如果偷看了你七个夜晚，那么谁就是想做你妻子的人，那我就会带着你，把她接到凡间来，让她与你结婚。”

夜里，牛郎钻到茶豆架下向天上望去，果然看到一群仙女在玉池里面洗澡，临走时，一个仙女向他偷看了一眼。第二天夜里，只见那个仙女独自来到玉池，面带娇羞地看着牛郎。第三天夜里，她望着牛郎微笑。第四天夜里，她向牛郎轻轻地点头。第五天夜里，她端出一篮子蚕。第六天夜里，她偷出一架织布机。第七天夜里，她拿着织布梭向牛郎招手。

仙女和牛郎，一个在天上，一个在地上。牛郎盼着仙女下凡来，仙女盼着牛郎娶她为妻。到了七月初七那一天，从天上飞落一只喜鹊，落在老黄牛的头上，告诉牛郎：“是仙女派我来的，叫你快去娶她。”

于是，牛郎套上车，坐了上去。老黄牛四蹄腾空，很快就到了玉池边上。仙女和牛郎并肩坐到车上，很快便回到了家。

牛郎娶了一位漂亮贤惠的仙女。她养蚕抽丝，织出的绸缎非常漂亮。人们都说她的织布机是从天上带来的，用它织出的绸缎做成的衣，穿起来冬暖夏凉，非常舒适。人们称她为织女。消息传出之后，天南海北的商人，都来买她织的绸缎。

不知不觉，三年过去了。织女为牛郎生了一儿一女。牛郎种田，织女织布，小日子过得幸福又美满。

有一天，牛郎正赶着老黄牛耕田，突然，晴空里传来了一阵轰隆隆的雷声。老黄牛停住了脚步，它望望牛郎，眼中涌出了泪水，它对牛郎说：“因为我把织女接下天来，犯了天律。现在天鼓响了，我的生命将要结束了。我死之后，织女的母亲王母娘娘将会来拆散你们夫妻。你记着，把我的皮剥了，肉吃了，可以脱凡成仙。用我的皮做双靴子，穿上它能腾云登天。”老黄牛说完，便轰然倒地死去了。牛郎伤心地大哭了一场，便按照老黄牛的嘱咐去做了。

七月初七那一天，牛郎正在田里锄地，他的两个孩子哭着从家里跑来了。他们抱住牛郎的腿说，家里来了个老婆婆，什么话也没有说，就把妈妈从织布机旁拉走了。

牛郎知道肯定是王母娘娘来了，赶忙扔下锄头，拉着一儿一女，腾空就追。眼看就要追上时，王母娘娘拔下头上的金簪在脚下一划，一条滔滔大河便出现了。大河阻止了牛郎前行的步伐，牛郎只能拉着孩子，站在河边放声大哭。哭声惊动了玉帝，他看到一双孩子怪可怜的，便动了恻隐之心，于是叫他们一家四口每年的七月初七相会一次。

牛郎一家人都不见了，地上的人们都感觉到十分奇怪。可是无论怎样打听，也不见他们全家的踪影。后来，有人想起来，到茶豆架下去看看吧。于是大家站到那里向天上一望，这才明白了：只见一条大河，波涛滚滚，织女站在河这边哭，牛郎拉着孩子站在河那边哭。人们擦着眼泪走出茶豆架，再向天空望去，发现繁星闪烁的夜空中多了一条又宽又长的银带，人们就称它为天河。天河的一边多了一颗星星，另一边多了三颗星星。

每当人们想念牛郎织女时，就站在茶豆架下望一望。望到七月初七那夜，人们突然看见满天喜鹊向天河扑去，互相咬着尾巴，搭建起一座鹊桥。牛郎领着一对儿女上了桥，织女也上了桥，一家人终于在鹊桥上相会了。

（资料来源：http：//www. shenhuagushi. net/niulangzhinv. htm，有删改）

第八章 中元节

导语

农历七月是个很特别的月份，而七月十五又是其中极有内涵的特别日子，道教称之为“中元节”，佛教称之为“盂兰盆节”。在老北京的民俗里，把七月称为“鬼月”，把七月十五称为“鬼节”，这个节日以祀鬼为中心。据传每年从七月一日起阎王就会逐渐打开“鬼门关”，让那些禁锢在地狱里，终年受苦受难的鬼类走出地狱，来到人间获得短暂的自由，享受人间亲人们供祭的血食。所以民间有供奉祭祀逝去亲人的风俗，佛寺和道观都要开法会，设道场超度亡魂，并置放斋食，给无处可去的无主孤魂野鬼吃。

在众多华人节日中，中元节也是规模最大、花钱最多的一个节日。中元节在老北京也是一个热闹的民间节日，民间会举行各种宗教法事和祭拜仪式，以宽慰先人魂灵。而对于生活在老北京的孩童而言，他们盼望的是在这一天放河灯，或者提着荷花灯结伴出门，在月夜下尽情玩耍，很晚才回家。实际上，旧时北京人过中元节时的气氛并不是阴森、恐怖的，而是欢乐、喜庆的。

节庆活动

烧纸钱

每年农历七月十五，即“鬼节”，人们都会用烧纸钱的方式祭祀先人。

道教认为中元节为地官诞辰，地府将放出全部鬼魂，故去的人可回家团圆。十字路口是鬼魂南来北往的地方，在十字路口烧纸钱是为了方便邮寄，因为阴间也是有邮差的，所以人们不去墓地而去路边烧纸。为不惊动活人，烧祭冥纸多在午夜 12 点后，在路口用石灰画上圆圈在圈内烧纸，并念叨死去的人的名字，告之来拿钱物，在圈外烧纸是怕被野鬼抢了祭品。

中国的汉族和很多少数民族都有给先人烧纸钱的习俗，甚至烧的方式大部分都相同。不能上坟的时候，人们就给先人烧烧纸钱。

拜三官

三官是道教的一个概念，道教有所谓天官、地官、水官，合称三官。这三位是玉帝派驻人间的代表，每年都要考察人间的善恶，向上天汇报。三官的诞辰日分别是正月十五、七月十五、十月十五，所以这三个日子也叫三元。七月十五日叫中元，正值地官校籍赦罪之时。这一天，他要拿出厚厚的花名册，根据神仙、

凡人和动物们的表现，勾勾画画，赦罪免刑。在中元节这一天，民间会举办一些祭祀活动。

举办盂兰盆会

每逢农历七月十五，佛教徒要举行盛大的仪式，即盂兰盆会，赞颂佛祖的功德。盂兰盆，是从梵文音译过来的名字。“盂兰”是倒悬的意思，倒悬形容苦厄之状，“盆”是指盛供品的器皿，“盂兰盆”就是“解倒悬”之意。佛教认为，供奉这种盆具可以解救已逝去父母和其他亡亲的倒悬之苦。整个仪式比较复杂，僧人们要诵经、行跪拜礼和接受信徒们的食物。

据记载，盂兰盆会在唐代即已盛行，晚清年间，北京有 800 多座寺庙，有条件的，如广济寺、法源寺、拈花寺、广化寺、嘉兴寺和长椿寺等都举办过规模不同的盂兰盆会。

点荷花灯

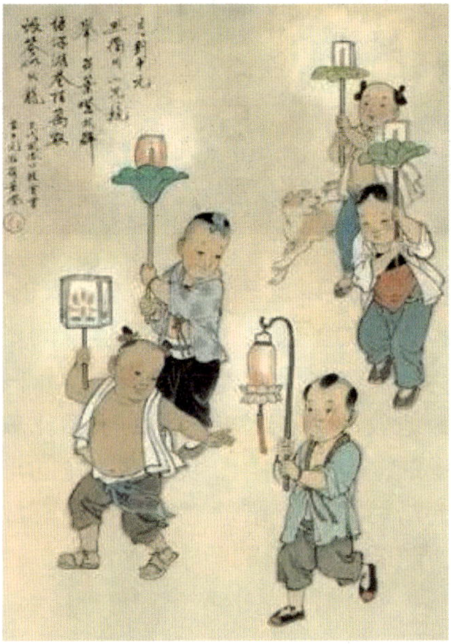

荷花灯，又称莲花灯，因灯形似荷花而得名。农历七月十五的晚上，旧时的北京城胡同里到处都是手提荷花灯游走嬉闹的孩子。他们手中的灯笼不仅有荷花形的，还有花篮形的、仙鹤形的、花鸟鱼虫形的，甚至有车船、飞机、楼台等样式，都统称为“荷花灯”。而老北京的民间艺人，借着中元节的商机，各显身手，巧制出各式荷花灯，展现了他们的智慧。

另外，中元节恰逢北京的初秋，瓜果成熟，许多瓜果都被做成样式独特的灯，如西瓜灯、苤蓝灯、茄子灯和葫芦灯等，孩子们用手举着它们玩。不管什么样式的水果灯，也都统称为“荷花灯”。

中元节之夜，天气微凉，胡同里家家户户的门口都悬挂着荷花灯，五光十色。老北京的这一习俗是受佛教影响而形成的，意在为升天的鬼魂照亮道路，是在做一桩善事。

放河灯

农历七月十五放河灯，人们以此表达对逝去亲人的悼念和对活着的人的祝福。荷花又叫莲花，是佛门中的圣洁之物，也是道家的圣物，因而人们选定了把河灯做成荷花的形状，所以放河灯又叫作放荷灯。早年间，中元节这天夜晚，北京人在什刹海和积水潭等地放河灯，因为这里的水面比较宽阔。

河灯是用粉莲纸卷成的，也可以用白纸做成荷花的形状，喷上颜色，底下用半个茄子做托，中间插上蜡烛。点燃蜡烛之后，把河灯放进水中。一盏盏河灯带着人们对于先人的哀思，随着水流慢慢地向远方飘去，波光水影，灿若繁星。这是旧时北京城的一景。

烧法船

老北京人对中元节十分重视，在这一天都会举行各种形式的祭祀活动，追思先人。在什刹海水面上举行的中元节活动中，最为壮观的是烧法船。

法船，是一种冥器，又称“法活”。烧法船的用意是超度流浪的野鬼。大户人家一般会在鬼节前，请做冥衣的工匠用高粱秸秆扎成十来米的架子，外面糊上彩纸或在白纸上画上彩画。船身不高，通常在一米左右。

船体一般得分成四五节，由冥衣铺临时雇用十几个人（俗称“拿烧活的”）小心翼翼地搬运到法会现场。法会现场一般设在湖边或河边。搬运队伍穿过街道时，很多人，特别是孩子出于好奇，也加入进来，特别热闹。

旧时焚烧法船都在午夜举行，先由和尚演奏法器，朗诵经文；之后人们将送给先人的包袱和纸钱等物品放在法船上，将法船推入水里，然后点燃。人们通常守候到法船灰飞烟灭的时候，才逐渐散去。

烧法船是中元节大户人家的重头戏，因为要花很多钱。据说，为了给慈禧太后办丧事，清朝内务府花了 20 万两银子做了一艘大法船。民间扎制的法船一般有一丈长，最大的有数丈长，而慈禧太后的法船长约 18 丈，宽 2 丈，高 6 丈。

船上不仅有亭台楼阁，还有一座富丽堂皇的园殿，殿内糊制了大慈大悲的观音菩萨像。在法船两侧，做了多达数十人的船工和侍从，它们大小如同真人，身穿丝绸衣服。船上不仅载有慈禧太后日常用的东西，还堆放着100多个大纸箱，箱中放着用金箔叠制的金砖。船的四周装饰着红莲，红莲中放置蜡烛。

慈禧太后出殡当日的深夜，内务府官员浩浩荡荡来到大法船的焚化现场。京城中的几万名老百姓，为了争看这焚烧大法船的奇景，不顾冬日的寒冷，早就等在了东华门外。内务府总管首先命人升起了黄绸巨帆，随着一声“时辰已到，点火送船”的号令，20万两银子制成的大法船被点燃，瞬间被烧得精光。

实践与互动

墨西哥“鬼节”

你看过美国电影《寻梦环游记》吗？影片讲的是一个跟墨西哥“鬼节”有关的故事。在动画片中，人们相信去世的亲人们的魂魄可以凭借着摆在祭坛上的照片返回现世和生者团圆。动画片的制作人员参考了真实的亡灵节习俗，从而使其形象地在动画片里再现。

11 月 1 日是墨西哥的“幼灵节”——祭奠死去的孩子，11 月 2 日是“成灵节”——祭奠死去的成年人。这两天被称为“ 鬼节 ”，墨西哥全国都将举行盛大的庆典，庆祝与逝者的“重聚”。在海地首都太子港，信奉伏都教的民众涌上大街举行化装游行，并前往墓地举行仪式，迎接重返人间的逝者的灵魂。

讲一个你了解的其他国家“鬼节”的习俗。

延伸阅读

目连救母的传说

传说佛祖释迦牟尼有个叫目连的弟子，身材颀长，方脸大耳，神情坚毅。他乐观、勇敢，常常打抱不平。在佛陀众多的弟子中，目连被推为神通第一，他比别的弟子更显神通。

目连的母亲虽然年轻漂亮，然而贪婪吝啬，仇视僧人，从不修善。她死后被打入地狱，转生为饿鬼。她肚子大得像鼓，嗓子细得像针，想吃又吃不下，嘴里冒烟，饿得皮包骨头，受尽了苦刑。

目连是个非常孝顺的儿子，为了救母亲，他出家修行，得了神通。他入地狱后见到了受苦的母亲。目连盛了饭去喂母亲，然而上天惩罚她，吃的东西还没到她嘴里，就化成了火炭。见到这种惨状，目连痛不欲生，返身求佛祖救度。

佛陀告诉目连，在七月十五日举办一个盂兰盆会，准备各种水果，置于盆中，供养众僧，借助众人的力量才能让他母亲吃饱，救出母亲。于是目连遵照佛陀的旨意，准备了各种水果，供奉众僧。这样，目连的母亲终于吃饱了，变为狗转入了人世。目连又念了七天七夜的经，使他的母亲脱离狗身，进入天堂。

目连很感激佛陀，四处赞叹佛陀的功德，奉劝世人举办盂兰盆会，供养众僧，以报父母的养育之恩。这就是佛教“盂兰盆会”或者叫“盂兰盆节”的由来。

（资料来源：http：//www.ruiwen.com/zuowen/lishidiangu/493982.html，有删改）

第九章

中秋节

导语

中秋节是老北京人除春节以外的第二大节日，在北京已有800多年的历史。在北京，中秋节又称八月节。中秋时节，正值秋果上市，北京人有用瓜果拜月、馈赠亲友的习俗，所以中秋节又称果子节。据《春明采风志》记载，“中秋临节，街市遍设果摊，（有）雅尔梨（原文）、沙果、白梨、水梨、苹果、海棠、欧李、鲜枣、葡萄、晚桃，又有带枝毛豆、果藕、西瓜”。

旧时老北京人过中秋时，家家户户必拜月。所谓拜月，就是向月宫里的嫦娥遥拜。中秋拜月时要在花瓶内插红色鸡冠花和带枝的毛豆，因鸡冠花象征月亮里的婆娑树，而兔子最爱吃的是毛豆。中秋节晚上，全家人坐在一起赏月，吃月饼、果品，饮桂花酒。

中秋节，北京人有买兔儿爷、请“神祇”的习俗。拜月后留下一根扎“神祇”的秫秸，压在炕席下，据说用来“打”尿床的孩子最管用。

旧时中秋节这一天，结了婚的女人只能在婆家过节，十六日才能回娘家团圆，所以有“十五的月亮十六圆”的说法。现在这些习俗已经基本没有了。

旧时临近中秋的几天，还有送礼的风俗。

中秋节的习俗中也有禁忌，如在祭月摆供时不能放梨，因“梨”与“离”同音，此乃团圆节之大忌。过去还有“男不拜月，女不祭灶”的风俗，因为月亮称太阴星君，男性属阳，故不拜月。

在中国有关中秋节的传说有很多，其中家喻户晓的是嫦娥奔月、吴刚伐桂、玉兔捣药、玄宗游月、貂蝉拜月，等等。中秋的月最美，中秋的情最深，中秋节成为中国最具有诗情画意的节日，很多文人墨客都曾留下过关于这个节日的唯美诗词，如苏轼的《水调歌头·明月几时有》中有“人有悲欢离合，月有阴晴圆缺，此事古难全。但愿人长久，千里共婵娟”的句子，多少年来被人们反复吟诵。

节庆活动

拜月

老北京民间视月为神，把月亮称为月神、月姑、月宫娘娘、太阴星君，因此有系列祭月活动。在中秋节，老北京每家每户都要设坛拜月，供上“月光码儿”，即印有太阴星君及玉兔捣药图案的纸像。供品有各种月饼（“自来白”除外）和鲜果，如苹果、柿子、葡萄、石榴、晚桃、九节藕以及切成莲花瓣形的西瓜等（梨除外）。其中，柿子和苹果成对供上，意为“事事平安”；桃和石榴成对摆，意为“桃献千年寿，榴开百子图”；枣和栗子则撒于苹果和柿子之间，取“早早平安”“利市”之意。在月光下，当家主妇切开月饼，切之前预先算好全家共有多少人，不管是在家的还是在外地的，都要算上，不能切多也不能切少，切的大小还要一样。

供桌外层设香炉、蜡扦、花瓶，蜡扦上插红烛，下压敬神钱粮（黄钱、元宝以及千张），花瓶内分别插上带枝的毛豆和红色鸡冠花。一般家庭拜月时，由家中的女长辈主祭，先向神位上香，三叩首，然后全家女成员按辈分，再行三叩首礼。旧时有“男不拜月，女不祭灶”的风俗，不过小男孩可以拜月。拜月的仪式完成后，全家人团坐在一起，开始饮酒赏月。

吃月饼

自来白、自来红

八月十五是老北京走亲戚，送礼的日子，俗称“送节礼”，礼品一般是月饼和水果。古代月饼被当作中秋节的祭品，随着时间的推移，月饼已经演化成中秋节食品和礼品了。中秋节吃月饼的习俗于唐朝出现。北宋时期，这种饼被称为“宫饼”，在宫廷内流行，但也流传到民间，俗称“小饼”和“月团”，后来演变成圆形，有团圆美好的寓意。

在老北京，送礼用的月饼用粗厚的草纸包裹，把月饼码成下宽上窄的梯形，最上面盖上一张红纸，纸上印有商号的名称。老北京月饼的品种很多，主要有“自来红”、“自来白”、翻毛月饼、提江月饼等，馅料有糖的、豆沙的、枣泥的、五仁的，等等。水果一般都装在蒲包里，上面盖一张彩纸。八月十五这一天，老北京街头随处可见手里提着月饼包和水果蒲包走亲访友的人们。

月饼是团圆的象征，拜月的仪式上少不了月饼，早年有以大月饼立在硬木座上当作神位用的，大月饼上刻有广寒宫前玉兔捣药的图案。普通家庭将发面的红糖大饼，配上“自来红”，由女主人上香供放到桌上。北京人常吃的点心其实大部分都是祭祀用的供品。从制作工艺上说，油炸、做成蜜饯和烘烤，都是最好的防腐措施。

接闺女

八月十五又称团圆节，所谓“月儿圆，人团圆”。出了嫁的闺女这一天必须在婆家过，因为结了婚就是婆家的人了。但是血缘关系是割裂不断的，到了八月十六，出嫁的女儿就可以回娘家了。一般是娘家派人到女儿的婆家去接“姑奶奶”回娘家，北京民谚有“兔儿爷，吃毛豆，请回姑奶奶过十六”的说法。女儿是娘的心头肉，逢年过节总要惦记着她。只要不越礼，当妈的都尽可能地把闺女接回娘家来住上几天。一是娘儿俩可以在一起说说知心话儿；二是当妈的怕女儿在婆家吃苦受累会吃不消，接回娘家来叫她好好地休息几天；三是逢年过节家家都吃好的，自己家有什么特殊好吃的东西一定要给闺女留上一点儿。农村更是如此，许多农家都种有果树，娘家有的水果婆家不一定有，八月十六到了，一定要把闺女接回来尝个鲜儿。闺女回娘家当然也不能空着手回去，一般都要给爹娘带上些礼物，除了带月饼之外，最普遍的还是带点婆家有而娘家没有的水果，一来叫娘家人尝个鲜儿，二来表示自己在婆家过的日子很好，请父母放心。俗话所说的“十五的月亮十六圆”，并不是指十五的月亮不圆而十六的月亮圆，而是指的人的“团圆”。八月十五这一天，一家人欢聚一堂，尽享天伦之乐，其乐融融，唯独缺少自己已经出嫁了的亲生女儿，当父母的总觉得不够圆满。到了十六这一天，把闺女接了回来，自己家的人口儿就一个也不缺少了，这才是真正的团圆。

“请”兔儿爷

兔儿爷是老北京的传统手工艺品，是老北京的吉祥物，也是老北京城的保护神。从明代时起，老北京人就有自家“请”兔儿爷，给亲朋好友送兔儿爷的习俗，有请平安、送吉祥的寓意。

关于兔儿爷，有很多传说。相传有一年，北京城里忽然起了瘟疫，几乎每家都有人患上了。住在月宫里的嫦娥看到此情景，心里十分难过，就派身边的玉兔去为百姓们治病。玉兔先是变成一个少女，挨家挨户地走，治好了很多病人。人们为了感谢玉兔，纷纷送东西给它，可玉兔什么也不要，只是向别人借衣服穿，每到一处就换一身装扮，有时候打扮得像个卖油的，有时候又像个算命的，一会儿是男人装束，一会儿又是女人打扮。为了能给更多的人治病，玉兔就骑上马、鹿或狮子、老虎，走遍了京城内外。消除了京城的瘟疫之后，玉兔就回到月宫中去了。

老百姓们为了感谢玉兔对京城人们的爱护和帮助，就在每年的中秋节制作很多泥塑造的玉兔形象，有骑鹿的，有乘凤的，有披挂着铠甲的，也有身着做工人的各种衣服的，千姿百态，非常可爱。每到农历八月十五，家家都要供奉玉兔，给它摆上好吃的瓜果菜豆，用来酬谢它给人间带来的吉祥和幸福。

旧时北京东四牌楼一带常有兔儿爷摊子，专售中秋祭月用的兔儿爷。老人说玉兔不是凡间的家畜，也不是野兔，而是广寒宫里的神兔，不能随便捉来玩耍，要玩只有“请”一尊称为“爷”的“兔儿”泥塑，还要毕恭毕敬地供起来。过中秋节，家里摆个兔儿爷像，确实很有气氛。兔儿爷就这样成了一种既能哄小孩高兴的玩具，又能被当神来敬的神物了。

兔儿爷一般是用模子翻塑出来的，先把黏土和纸浆拌匀，填入分成正面和背面两个半身的模子里，等干燥后倒出来，把前后两片粘在一起，配上耳朵，在身上刷层胶水，再上色、描金。兔儿爷大的有三尺多高，小的只有三寸高，均是粉白面孔，头戴金盔，身披甲胄，背插令旗或伞盖。它的坐骑有狮、虎、鹿和象等。兔爷儿左手托臼，右手执杵。很多老北京人都记得这样的场面：一过七月十五，兔儿爷摊摆得满北京城都是。前门外、鼓楼前，西单、东四，到处都是大大小小的摊位，摊儿上搭着楼梯式的木架，上面摆满大大小小的兔儿爷。

关于兔儿爷，有很多俗语和歇后语，比如，“兔儿爷的旗子——单挑”，这是因为兔爷儿的靠旗只有一边。又如，“隔年的兔儿爷——老陈人儿”。兔儿爷的类型有许多种，有麒麟兔儿爷，因麒麟吐书的典故而流传，象征着学识广博，学业有成；有坐葫芦兔儿爷，“葫芦”与“福禄”谐音，象征着福禄双全；有坐虎兔儿爷，虎为百兽之王，是统帅，寓意为事业兴盛，人脉广博；有坐象兔儿爷，象与“祥”同音，寓意为吉祥如意。

2004 年，北京民俗馆举办了一次兔儿爷形象展示活动，两尊高三米左右的大兔儿爷站在旗下，周围簇拥着 500 只小兔儿爷，特别壮观，参观者络绎不绝，几位民间艺人制作的几百个兔儿爷供不应求。

观皮影

老北京城，除了跟兔儿爷有关的活动外，最流行的娱乐项目就是皮影了。老北京人都叫它“驴皮影”。

据史料记载，皮影是明代中期传入京城的，1508 年，北京曾举办百戏大会，皮影戏参加了演出。到清代同治年间，北京皮影戏已很普及，戏班子分为东、西两派，其中，西派皮影逐渐受京剧影响，将京剧唱腔吸收到表演中，别开生面。

皮影戏除了深受农民和市民欢迎外，还进入宫廷。康熙时，礼亲王府设有八位食五品俸禄的官员专管影戏。嘉庆时，逢年过节还传唤皮影班进宫表演。当时的北京影戏班白天演木偶，夜晚则于堂会唱影戏，有不少京剧演员也参加影戏班演出。

过去表演皮影时，由艺人在幕后一边操纵皮影一边演唱，并配以音乐。一个戏班六七个人加一箱皮影就能演三四十场戏。演出完毕，全部行头装箱就走，十分便捷。正因为演皮影戏的设备非常轻便，所以戏班流动演出的优势很强。不论是在集市还是在大厅、广场、庭院，抑或是在普通室内，架起影窗、幕布和灯箱就能开戏。在乡村城镇，大大小小的皮影戏班比比皆是。逢年过节、喜庆丰收、嫁娶宴客，都少不了搭台表演皮影，有的甚至通宵达旦表演或连演十天半月，十里八乡的人都来观看，非常热闹。

皮影是一种地道的工艺品。它是用驴、马、骡皮，经过选料、雕刻、上色、缝缀和涂漆等几道工序做成的。皮影制作考究，工艺精湛，表演起来生趣盎然，活灵活现。北京皮影以线刻见长，自清代中叶后，在造型上借鉴京剧，出现了生、旦、净、丑、末的脸谱。正是经过一代代艺术家的努力，皮影艺术才得以不断发展。

做皮影人得有皮子，早年间，艺人们大多用驴皮做，驴皮的韧性好，白净，雕刻起来不夹刀子，也容易上色；后来，皮影人大部分是用牛皮制作的。雕刻艺人首先得把皮影图样描摹到皮子上，然后在皮子下面垫上一块蜡板，用一把直刀按照皮子上画出的图样一刀一刀地雕刻。北京的皮影讲究的是刻线，就像画工笔画那样，只不过画画是用笔画，皮影是用刀子“画”。雕刻完成后，再经过着色、上漆、装订和安杆等步骤，一个皮影人就做好了。

皮影艺术给北京的文艺舞台增添了古色古香的韵味，深受北京人，特别是老人和小孩的喜爱。北京皮影继承了西派皮影艺术的特色，善演神话、武打和寓言剧，久演不衰的保留剧目有几十出，都以唱腔委婉、表演细腻而著称。不仅中国人喜爱皮影，许多外国友人也对它很着迷。很多精美的皮影人被国外博物馆收藏。古老的皮影艺术正焕发着青春的活力，丰富着人们的文化生活，把人们带入一个完美的艺术世界。

制毛猴

除了兔儿爷和皮影外，在八月节有一种玩意儿也在老北京广受欢迎，它就是毛猴。毛猴灵巧可爱，且用料简单，可以被雕琢成各种造型。创作者以猴代人，借以表达对世间万象的感知和情怀。据“制猴专家”介绍，在毛猴作品的制作中，最难的其实不是制作毛猴本身，而是制作场景中的道具。因为毛猴本身很小，所以它们拿的、用的、吃的和玩的东西就更小了，只有比例合适了，才会更真实。毛猴的身上不仅承载了老北京人对动物的喜爱之情，还凸显了创作过程中老北京人身上那股执着劲儿和那种认真范儿。

耍冬虫

旧时的老北京人家里最常见的是冬虫。所谓冬虫，是指在寒冷的冬天还能欢畅鸣叫的昆虫。其中最具代表性的是蛐蛐儿和蝈蝈儿。清代皇宫内曾专有孵育蛐蛐儿和蝈蝈儿的暖室，育养好的秋虫装入锦囊或精致的葫芦中供皇帝把玩。这两种昆虫在如今的老北京人家里还常能见到。

蛐蛐儿是蟋蟀的一种，身体呈黑褐色，油光发亮。旧时很多老北京人养蛐蛐儿是为了拿来比赛的，这类比赛俗称“斗蛐蛐儿”，获胜一方能赢钱。

旧时老北京的很多集市上、城门下和胡同口都能看到斗蛐蛐儿的人。斗蛐蛐儿的赌场也很兴隆。有的人为斗蛐蛐儿倾家荡产，有的人投河自尽，而因此荒废学业者更是不计其数。老话说得好，“养蛐蛐儿只宜逢场作戏，切不可玩物丧志”。

在皇宫里用来饲养斗蟋蟀的器皿，叫作“蟋蟀盆”，也称为“蛐蛐罐儿”。蛐蛐罐儿有瓷制品、陶制品、玉制品、石制品以及漆器制品，而最有价值的，是瓷制品和陶制品两种。最早的蛐蛐罐儿都是由帝王指定的御窑和官窑烧制的，作为贡品专供皇室使用，极少传至民间，现在在博物馆里才能看到，精致无比。北京琉璃厂老古玩商中曾流传着这么一句话：“六个子玉蛐蛐罐儿能换一对道光官窑粉彩龙凤碗。”小小的蛐蛐罐儿，尽显蛐蛐儿主人的身价和地位。

蝈蝈儿的身体呈草绿色，触角细长。雄虫的前翅互相摩擦，能发出“蝈蝈蝈”的声响，清脆响亮，因此得名。蝈蝈是“男高音”，声音清越、响亮。老北京人玩蝈蝈儿的历史非常久远，据史料记载，在明朝的时候就已经有人玩了。蝈蝈儿饲养起来十分讲究，它喜欢吃瓜果、豆类等。人们用葫芦或小竹笼饲养蝈蝈儿。

玩养蝈蝈儿的有四合院里住着的，也有住在杂院里拉车的，还有梨园名伶（指旧时戏曲表演界的名演员）、文人墨客。有些人冬日将装着蝈蝈儿的葫芦揣进棉袍内的特制背心里，外出的时候边办事边听蝈蝈儿的鸣叫，别有一番乐趣。

实践与互动

嫦娥奔月的传说

传说远古时期，天空中同时出现了十个太阳，土地被晒得干裂，海水被晒得枯竭，老百姓都热得喘不过气来，眼看无法再生存下去。一个名叫后羿的英雄，登上昆仑山顶，运足神力，拉开神弓，一口气射下九个多余的太阳。后羿立下盖世神功，受到老百姓的尊敬和爱戴，不少志士慕名前来投师学艺，而奸诈刁钻、心术不正的逢蒙也混了进来。

不久，后羿娶了个美丽善良的妻子，名叫嫦娥。后羿除传艺狩猎外，终日和妻子在一起，人们都羡慕这对郎才女貌的恩爱夫妻。一天，后羿到昆仑山访友求道，巧遇由此经过的王母娘娘，便向其求得一包不死药。据说，服下此药，能即刻升天成仙。然而，后羿舍不得撇下妻子，只好暂时把不死药交给嫦娥保管。嫦娥将药藏进梳妆台的百宝匣里，不料被逢蒙看到了。

三天后，后羿率众徒外出狩猎，心怀鬼胎的逢蒙假装生病，留了下来。后羿率众人走后不久，逢蒙便手持宝剑闯入内宅后院，威逼嫦娥交出不死药。嫦娥知道自己不是逢蒙的对手，危急之时她当机立断，转身打开百宝匣，拿出不死药一口吞了下去。

嫦娥吞下药，身子立刻飘离地面，冲出窗口，向天上飞去。由于嫦娥牵挂着丈夫，便飞落到离人间最近的月亮上成了神仙。

傍晚，后羿回到家，侍女们向他哭诉了白天发生的事。后羿既惊又怒，抽剑就要去杀逄蒙，可是逄蒙早就逃走了，气得后羿捶胸顿足，哇哇大叫。悲痛欲绝的后羿，仰望着夜空呼唤爱妻的名字。这时他惊奇地发现，今天的月亮格外皎洁明亮，而且有个晃动的身影酷似嫦娥。

后羿急忙派人到嫦娥喜爱的后花园里，摆上香案，放上她平时最爱吃的蜜食鲜果，遥拜在月宫里眷恋着自己的嫦娥。

老百姓们闻知嫦娥奔月成仙的消息后，纷纷在月下摆设香案，向善良的嫦娥祈求吉祥平安。从此，中秋节拜月的风俗便在民间传开了。

谈谈你对这个神话传说的理解。

延伸阅读

中秋节老北京的“斗虫会”

中秋佳节到了，喜欢斗蟋蟀的一些老北京人往往齐聚一堂，举办蟋蟀友谊赛，这叫作“老北京一乐，中秋斗草虫”。说起北京人斗蟋蟀，历史可就长了，可以追溯到明朝。直到今天，斗蟋蟀仍然是老北京人的一种民俗文化，吸引了不少人参与。

以前，北京盛产蟋蟀，出了四九城就有。志书里记载，北京永定门外有个胡家村，那里产的蟋蟀特别好。虽然胡同里也经常有人卖蟋蟀，但北京人大多数不买，而是自己去逮。逮蟋蟀也是一乐，带上钎子、罩子等工具，一走就是一天。在草丛中、砖瓦堆、庄稼地里，循着蛐蛐儿的叫声，轻手轻脚地走去，看准洞口，或探或挖或灌水。

喜欢斗蟋蟀的人，都希望得到一只能称大王的蟋蟀，其标准是身挺、背阔、形长、头大、腿粗、尾全。挑蟋蟀是有讲究的。蟋蟀的品质决定于它的生存环境、种性、虫体质量。凡在瓜棚和豆架下生存的蟋蟀，显得肥硕健美，但那是虫里的“纨绔子弟”，徒有其表，被比它小得多的强虫一攻，便折翅掉腿。至于庭院、草丛和砖缝中幸存的蟋蟀，一般也是平庸之辈，只能在同伙里咬咬斗斗，上不了大台面。而荒野石坑、古庙瓦砾和人迹罕至之处生存的蟋蟀，经受风霜雨露，体性刚烈。如果在捕捉它时发现其与蜈蚣和毒蛇住在同一地域，则谓之“蜈蚣蟋蟀”“蛟龙蟋蟀”，是虫中极品。它们一般中等个儿，头如黑珠，银丝贯顶，黑脸银牙，银脚金翅，钳白如霜，一蹦两米，撞物有声，最是骁勇剽悍，此类蟋蟀方可获得将军虫头衔。

好的蟋蟀神态好，腿有力，爪儿抱得紧，有时小的蟋蟀也能打败大的蟋蟀。蟋蟀的好坏可从体形上分辨，“首项肥，腿胫长，背身阔”，这是上品，不如这些就下一等，如果相反，就再下一等。看颜色知好斗的程度：“青为上，黄次之，赤次之，黑又次之，白为下。”这是按颜色辨别，也有特殊的，如麻头、青项金翅和金丝额等也为上品。

所以经常斗蟋蟀的玩家，在挑选蟋蟀的时候会用“七看”的方法，也就是看头、看头色、看斗丝、看眼、看须、看脸、看牙，以此来评判蟋蟀的好坏。

斗蟋蟀是帝王将相的赏玩活动，也是平民百姓的娱乐方式。无论朝中官员，还是平民百姓，在闲暇之余都喜欢带上自己的“宝贝”，聚到一起一争高下。到了今天，养蟋斗蟋作为一种民俗文化，仍然吸引了不少爱好者，每年都有各种赛事活动。

据说明朝皇帝朱瞻基（宣宗）从小就喜欢玩蟋蟀，登基之后更是派遣宦官四处寻找上好的蟋蟀，带回宫中比赛角斗。他还常常和宦官、宫人围成一圈，将两只蟋蟀置于装饰精巧和锦香扑鼻的圆盆中，令其振翅相斗，上下搏击，直到斗得一只败阵逃走，一只得胜穷追，围观的宦官和宫人则不住地鼓掌起哄，宣宗则像个顽童一样兴奋不已。在宣宗的示范下，斗蟋蟀一时成为流行的游戏。地方官员为了取悦宣宗，都变本加厉地下达捕蟋蟀的任务，一度给百姓造成了很大的负担，朱瞻基也被百姓们称为“促织天子”。

（资料来源：aemon，2016 年 9 月 14 日，有删改）

第十章

重阳节

导语

每年的农历九月初九是中国人的重阳节，又称踏秋。古书《易经》中，把“九”定为阳数，“九九”为两个阳数，所以把这一天称为“重阳”。在中国人的民俗观念中，“九”在数字中是最大的一个，有长久、长寿的含意，寄托着人们对老人健康长寿的祝福。

重阳节早在战国时期就已经形成，距今已有 2 000 多年的历史。据文献记载，在战国时代，重阳已受到人们重视。在魏晋时期的文献里就有重阳赏菊和饮酒的记载。唐朝时，重阳节被定为正式节日，宫廷和民间一起庆祝重阳节；明代皇宫中的宦官和宫妃从初一时就开始一起吃花糕庆祝，九日重阳时，皇帝还要亲自到万岁山登高览胜。北京重阳节的习俗是把菊花枝叶贴在门窗上，有驱邪招福的含义。

在重阳节这一天，亲人都要一起登高“避灾”，大家一起赏菊花，饮菊花酒，佩戴茱萸，吃重阳糕。

重阳节在历史发展演变中杂糅多种民俗于一体，承载了丰富的文化内涵。1989 年，农历九月九日被定为“敬老节”，倡导全社会形成尊老、敬老、爱老和助老的风气。

老北京人在重阳节时，常常用登高、佩戴茱萸、赏菊花、饮菊花酒、吃花糕、吃烤肉和吟诗作赋等方式来庆祝，以祈求平安健康，这些风俗也一直流传至今。

节庆活动

登高

在中国古代，有着重九一“阳”登勤之日，地气上升，天气下降的说法。古人为了避免接触到邪气，所以才在“九九”这一天登高以躲避邪气。这一说法现在看实在有些不科学。不过，“九九”一般正值秋高气爽的收获季节，举家出游，登高望远，在时令上是非常适宜的。

古代人的生存环境比起现今要艰苦许多，许多食物来自采集和狩猎，山林中自然生长的各种植物和动物让人类得以生存和繁衍。因此在古代，人们对于山，特别是高山是怀有崇拜之情的。在“九九”这一天登高山，也表达了人们敬畏、崇拜和祈福的心情。

重阳时节，正值秋高气爽的收获季节，老北京重阳盛行登高。每逢农历九月初九，清朝皇帝要亲自到景山登高、拜佛，祈求福寿平安，并观览京城风光，皇后和妃子们则在故宫御花园的堆秀山登高眺望。在民间，达官贵人和文人墨客有的在自家花园的假山亭台上远眺，有的在旧京城内外爬山登高，一览山景和京城风光。民国时期，老百姓登高主要是去西山八大处、香山、五塔寺、北海、景山五亭和陶然亭等处，一般全家或三五好友同行。

如今，登高已成为人们增强体质的体育或旅游活动。在重阳节前后，很多机关单位、社会团体和教育机构都会组织一些敬老公益活动，如看望敬老院的老人，为孤寡老人义诊和理发等，弘扬敬老、爱老和助老的社会风气。

插茱萸

插茱萸是老北京人过重阳节的传统。茱萸是一种植物的果实，成熟后变成紫红色，据中医理论，它有散寒、止痛、止泻和杀虫的功效。古人认为在重阳节这一天插茱萸可以辟邪消灾，于是人们把茱萸佩戴在手臂上，插在头上，或磨碎后放在香袋里随身携带。插茱萸是重阳节的标志性活动之一。

赏菊

赏菊是老北京人过重阳节的节庆活动之一。菊花，被人称为“秋之骄子”，它婀娜多姿，经霜不凋，因此深得文人墨客的青睐，边赏菊，边饮菊花酒，边吟诗作赋，极富情趣。据说，重阳节饮菊花酒的习俗最早起源于晋朝大诗人陶渊明，陶渊明以隐居、作诗、饮酒和爱菊出名，后人效仿他，遂有重阳赏菊的风俗。

老北京人经常赴天宁寺、景山公园和中山公园等地赏菊观景。天宁寺位居旧京近郊广安门外，地势较高，可登临远眺京城。过去那里古树参天，植物繁茂，花团锦簇，尤以多姿貌美的菊花而闻名全城，成为金秋登高、赏菊、游乐的好去处。

过女儿节

重阳，现已被定为我国的老人节，而历史上它曾是女儿节。旧时，凡有女儿出嫁的人家，都会备好名酒、糕点和水果，九月初九天明时要迎接女儿回娘家。

古时女子成婚后，轻易不能回娘家，只能“嫁鸡随鸡，嫁狗随狗”，相夫教子，服侍公婆。一年下来，难免遇到不顺心的事情，想跟家人和朋友诉说。于是，九月初九这一天就成了古代妇女们休息的节日，这是约定俗成的，成为已婚妇女的一项权利。这一天，她们将“各回各家，各找各妈”，把生活的烦恼跟妈妈说说，向爸爸谈谈婆家的事情。

在中国，女儿节有三个，即五月初五、七月初七、九月初九，都是阳数相重。要是按人们的重视程度排序的话，七夕的女儿节当在最前，其次是端午的女儿节，最后才是重阳的女儿节。三者之间有什么区别呢？在七夕的女儿节，“女儿”是指闺中待嫁的少女；而在重阳的女儿节，“女儿”则已嫁为人妇了。七夕的女儿节，讲的是少女怀春，说的是憧憬浪漫的爱情；而重阳的女儿节，说的是已为人妇的女儿回娘家，讲的是思念家人的骨肉之情；至于端午的女儿节，则兼属小闺女和已嫁女。这三个女儿节，同中有异，相映成趣。

吃花糕

花糕，又称菊花糕、重阳糕，是重阳节的传统食品。花糕以米粉和豆粉等为原料，经过发酵，点缀枣、栗和杏仁等干果，加糖蒸制而成。吃花糕源于“登高”的“高”，“糕”字与“高”同音，象征“步步高升”。

过去有这样一个习俗：九月初九早晨，老人要拿一片花糕搭在儿女的额头，口中念念有词，祝愿子女诸事顺利，步步高升。过去重阳糕的制作比较讲究，糕要做成九层，像座宝塔，上面放两只假的小羊，以符合“重阳（羊）”之意。有的还在重阳糕上插小红纸旗，点蜡烛灯，意为“点灯吃糕”，以此来代替“登高”，用小红纸旗代替茱萸。

据南来顺的一位面点师傅介绍，早年做南来顺的花糕用的是黍子面、黄米面和江米面，中间铺六层黑色的豆沙馅，撒葡萄干、瓜子仁、金糕丁等果料，四周边放金糕条，看上去层次分明，颜色鲜艳。据稻香村的一位厂长介绍，过去稻香村每年重阳节都做花糕，是用富强粉烤制两层酥皮，中间夹枣泥馅或桂圆馅做成的。

北京清真小吃第一店——护国寺小吃店，近年推出了“登高小吃礼盒”，内装切糕、芝麻糕、紫米糕和豆面糕等绵软小吃，取其谐音“高”，祝福老年人高寿，家人“步步高升”。

饮菊花酒

九九与“久久”谐音，与“酒”也同音，因此派生出“九九要喝菊花酒”的说法。金秋九月，秋菊傲霜，文人将九月称为“菊月”，老百姓把菊花称为“九花”，北京将菊花当成市花之一。菊花有斗寒的独特品性，所以成为生命力的象征。菊花在古人眼中有着不寻常的文化意义，认为它是“延寿客”“不老草”，可使人老而弥坚，亲友间感情更深。过去的菊花酒讲究家里自酿，以表心诚。

据说古代的菊花酒是头年重阳节时专为第二年的重阳节酿制的。在重阳时节，采下初开的菊花，折下青翠的枝叶，与黍米和在一起酿酒，酿成后一直保存到第二年重阳食用。从医学角度看，菊花酒可以明目，治头昏，降血压，有益于人们的身体健康。重阳佳节，人们在登高赏菊之余，饮上一杯甘甜的菊花酒，更增添了节日的情趣。

食羊肉

“羊”与“阳”谐音，应了“重阳”里的“阳”。京城给九十九岁老人过生日时，要举行以羊肉为主要食物的宴会。秋天是羊儿最肥的季节，羊肉性暖，可以御寒。东来顺、口福居和聚宝源的涮羊肉是老北京人的最爱。

京城还有“九月九，吃烤肉”的老话儿。说到烤肉，最早只有“南宛”“北季”两大字号。“南宛”，指的是当年宣武门街上的烤肉宛；“北季”，是指什刹海银锭桥的烤肉季。两家虽都以烤为主，但各有擅长：烤肉宛的烤牛肉为一绝，而烤肉季的烤羊肉则独占鳌头。

实践与互动

古诗《九月九日忆山东兄弟》赏析

九月九日①忆②山东兄弟

（唐）王维

独在异乡③为异客④，每逢佳节⑤倍思亲。

遥知兄弟登高⑥处，遍插茱萸⑦少一人。

注释：

①九月九日：重阳节。

②忆：想念。

③异乡：他乡，外乡。

④为异客：做他乡的客人。

⑤佳节：美好的节日。

⑥登高：古有重阳节登高的风俗。

⑦茱萸：一种香草，古时人们认为戴上茱萸可以辟邪。

译文：

一个人独自在异乡生活，每逢节日更加思念远方的亲人。

遥想兄弟们今日登高望远时，头上插满茱萸的人中，只少了我一人。

说说你对这首古诗的理解。

延伸阅读

重阳节的传说

古时候，汝河边一个村子里，住着小伙子桓景，以及他的父母、妻子，一家人和和睦睦，日子过得十分快乐。

天有不测风云。有一年，汝河里忽然出了一个瘟魔，它使岸边很多村庄流行起了瘟疫，死了不少人。桓景一家人也染上了瘟疫，他的父母和妻子都死了，只有他自己活了下来。

桓景病好后，一心想除掉瘟魔，让乡亲们不再受其祸害。他听说东南方的山中有一位叫费长房的神仙，能降妖除魔，决定前去拜师学艺。

桓景带上一袋干粮就上路了。他一路走，一路打听，翻过了一座又一座山，蹚过了一条又一条河，磨破了一双又一双鞋，终于见到了费长房。费长房和蔼地对他说："我看你一心想为民除害，就收下你这个徒弟吧。"他交给桓景一把降妖宝剑，又教他降魔的武艺。桓景每天勤学苦练，终于练成了一身好武艺。

一天早晨，桓景正在练剑，费长房走过来对他说："徒儿，你在这儿快一年了。我算了一下，瘟魔又要出来害人了。我给你一把茱萸叶、一瓶菊花酒，你赶紧回家，先让乡亲们登高避灾，然后再去斩妖除魔。"他一招手，飞来一只仙鹤，仙鹤让桓景骑在背上，把他送回了家。

到了瘟魔出来那一天，桓景分给乡亲们每人一片茱萸叶，叫大家带在身边，又让每人喝了一口菊花酒，然后领着大家登上了附近的一座高山。

中午时分，随着几声怪叫，瘟魔爬上了河岸，趾高气扬地走进村子里。他发现村子里一个人也没有，就四处张望，最后发现村民们都躲在山上，便狂叫着向山上冲去。刚到山脚下，突然一阵浓郁的茱萸叶香和菊花酒气迎面扑来，瘟魔顿时头晕眼花，哼哼呀呀地在原地打转。桓景手持宝剑从山上直冲下来，和瘟魔展开了搏斗。瘟魔见势不妙，转身就逃。桓景对准他的后背嗖地掷出宝剑，哧的一声就把他扎死了。

从此，汝河两岸的老百姓再也不受瘟疫的侵袭了。

这一天是农历九月初九。此后每年的这一天，人们都要举行登高、插茱萸和喝菊花酒等活动，来纪念桓景铲除瘟魔，为民除害。因为九月初九又是重阳日，所以人们就把这一天叫作"重阳节"。

（资料来源：https：//www.sohu.com/a/259935043_748577，有删改）

第十一章

寒衣节

导语

农历十月初一是寒衣节，又称冥阴节、十月朝、祭祖节、鬼头日，是汉族传统的祭祀节日。随着天气渐凉，人们开始准备御寒的棉衣，自然会想到家里亡故的亲人在另一个世界也应该需要御寒的衣物了。于是，祭祀时除了准备食物、香烛和纸钱等一般供品外，还有一样东西不可缺少——冥衣。

和春季的清明节，秋季的中元节不同的是，除给亡灵送纸钱外，传统的寒衣节还要送去五色纸做的寒衣，以表达后人对亡者的纪念。

过去北京有句谚语叫“十月一，送寒衣”，每年到十月初一，人们总是预先糊好“寒衣包”“金银包袱”，在包袱外面写上地址、某某人收，然后再进行焚化。送寒衣这一习俗，寄托着对亡者的怀念之情。

在寒衣节，人们会采用路祭和墓祭的方式来祭奠已故的亲人，为他们送去挡风御寒的衣物，以示孝敬。老北京人在送寒衣、墓祭和路祭等祭祀活动中有很多独特的讲究。

十月初，送了寒衣之后，据说在清代，还要颁发历书，由各处书局刻印出售。旧时的北京，大小胡同中，常看到有人背一个布包，手中拿一沓子历书，一边走一边叫卖：“卖皇历，卖皇历——”这也算是旧京城的一景吧。

节庆活动

送寒衣

五色寒衣纸

在十月初一以前，家家户户就要到南纸店和冥衣铺去买寒衣纸，这种纸有彩色的，有印花图案的（图案一般是牡丹、菊花、蝴蝶），也有素色的。

有的人把这些寒衣纸剪成衣裤状，有的人不剪，直接装在包有纸钱和纸元宝的包袱里焚烧掉。最简单的寒衣是外面用蓝纸，里面用白纸做成的。讲究的人家，会请冥衣铺的匠人裱糊一些高档的棉袄、棉裤，中间要铺一层棉花，甚至还要制作一套有门窗和屋顶的纸房子。

寒衣准备好以后，和敬献的纸钱以及纸锭一起装进一大张纸糊成的信封形状的口袋里，封面上写上亡者的名字、墓地的地址和邮寄人地址等，最后点燃香烛把这个大“信封”焚烧掉。

后来有人觉得烧寒衣太麻烦，就改成了烧“包袱”，里面装上五色纸，代表绸缎布匹，还有纸质的金银元宝，同样写好姓名后焚化，这意味着给死者送去了钱，让死者在冥间去购买自己喜欢的寒衣。其中一部分钱是给那些无人祭奠的孤魂野鬼用的，这样就能避免它们抢夺金钱和衣物了。

墓祭

如果是墓祭，老北京人要在上午 9 点至下午 3 点之间完成祭祀活动，据说这段时间是一天中阳气比较旺盛的时段，不会耗损祭祀者的阳气。

按照老北京的风俗，平常的日子里不可以随意进行坟墓修缮，只能在清明节和农历十月一日这两个日子进行修缮。如果坟墓出现进水、塌陷和露天等情形，则是对亡者的大不敬，会扰乱亡者的安宁。在这种情况下，就需要在寒衣节之际对坟墓进行修缮。

在进行墓祭时，很多人会为墓地拔草，清理树木，以保证亡者在地下不受风吹雨淋和寒冷之苦。墓祭时家中的长辈会带领儿孙们到亡者的坟头添土。添土时不能像清明节扫墓时那样用筐篓兜土，讲究的是用衣服兜土，坟墓上兜的土越多，这个家族会越兴旺发达。

家祭

如果不能在墓地献祭，可选择家祭。供品可以是三碗水饺（每碗装三到五个），一碗清茶，也可以选择糕点、鲜果等作供品，这里没有特别的讲究。通常由家中的长辈上香，要在香炉里插上四炷香，行四次叩首礼，取“神三鬼四”之意。家中其他的人，按照尊卑长幼的次序也行四次叩首礼。

焚化时，要把准备好的“寒衣包”和“金银包袱”送到大门外的路边或十字路口。如果给男子烧纸，先在地上画一个“十”字，十字要按照东南西北的方向，横平竖直地画，然后把“包袱”放在“十”字中间，再点火焚烧，意思是不论亡人身在何处，都能收到这份祭品。要是给女子烧钱，要先在地上画个圆圈，留出一个缺口，这个缺口要朝着西南方向，这取自道教的“九幽”之说，“九幽”就是鬼魂住的冥间，留出来的缺口被认为是“鬼门关”，所烧的寒衣和冥钱正是通过这个缺口进入冥间的。另外，必须把“包袱”放在“十”字之上或圆圈之内，这样做可以防止其他孤魂野鬼来抢夺。同时，还要留出几张散钱，放到“十”字外或圆圈外焚烧，意思是打发那些没人理的孤魂野鬼。讲究的人家还要另外糊一个小“包袱”，说是给“土地爷”的，上面要写上“土地酒资五锭”，也要在“十”字外或圆圈外焚烧。最后，把上供用的清茶往烧后的灰上一浇，就算完成了祭祀仪式。

祭祀死亡不满三年的人，烧“包袱”时要大声哭喊，尤其是妇女，要拉着长腔，有词有句地哭诉，这在旧时的街头巷尾算是一景吧。

另外，老北京还有一些讲究：寒衣必须在寒衣节当天或者提前焚烧。要是在十月初一以后的时间烧，死者就会穿不上袖子，提不起裤子，邋里邋遢的；凡送给亡者的寒衣、物品、元宝和纸钱等，都必须一次焚烧干净、彻底，不能留下没烧尽的痕迹，这样才能保证这些阳世的东西顺利地转化到冥间。只要有一点没有烧尽，就会前功尽弃，王者就会挨饿受冻。所以十月一日烧寒衣，要特别细致认真。

暖炉会

随着天气渐冷，旧时北京城的家家户户在十月一日这一天都开始生火了。大家都把家里取暖用的炉子拿到院子里生火。一般人家的炉子都是铁皮炉子，高一米左右，生火时要将炉子移到院子里，先用废纸引燃木柴，再填入煤球或碎煤块，等到煤炭烧红，再移至室内。由于没有烟筒，所以很不安全，夜间煤气中毒是当时经常发生的事。后来，有了带烟筒的“洋炉子”，煤也变成了蜂窝煤。

十月一日这一天，很多老北京人会约上亲朋好友聚在一起吃上一顿，大家围拢在暖炉旁边，喝酒聊天，互祝平安吉祥，迎接冬季的到来，这在当年算是一个重要的节日，称为“暖炉会”。

实践与互动

烧纸钱

欧美人相信人死后会上天堂，天堂是纯洁的，不允许沾钱；人死后也有下地狱的，他们是去赎罪的，而不是去消费的。中国的传统观念则认为，去西天的要收门票，还要供奉如来佛，打点众多菩萨；到阴间的还要孝敬阎王爷，巴结判官，通融各路小鬼，处处都要花钱，和现在的阳世一样。

说说你了解的其他国家在祭奠亡者方面的风俗习惯。

延伸阅读

孟姜女千里送寒衣的传说

相传，秦始皇时期，江南孟家湾住着一位姓孟的老人，他与妻子相敬如宾，就是没有孩子。有一年，老人在院子里种了葫芦，那些葫芦枝蔓粗壮，叶子繁茂，有的藤蔓竟顺墙爬到了邻居家。邻居姓姜，他发现串到自己家的藤蔓结了特别大的葫芦，谁也没见过那么大的葫芦。秋天过后，姓孟的老人对姓姜的邻居说：“咱们干脆把葫芦剖成两半，你家一半我家一半吧。”邻居当然答应了。不料，葫芦打开后，竟发现里头有个白胖胖的女娃娃，十分可爱。经协商，女娃娃由孟家抚养，取名孟姜女。

光阴似箭，转眼，孟姜女就十八岁了，长得亭亭玉立，又知书达理。一天，孟姜女在花园池塘边打捞落水的扇子，遇到一个因逃避兵役而躲在花园树丛里的男子，那男子热情地帮她找到了扇子。

这个男子名叫范喜良，他英俊、善良，让孟姜女一见钟情。于是，孟家就招他为婿了。不料，正当两人拜堂成亲时，追兵赶到，将范喜良抓到北方去修长城。

孟姜女日夜思念丈夫，悲痛万分。有一天，江南飘着雪花，寒风阵阵，孟姜女冻得直打哆嗦，心想：几年来，丈夫的衣服早已磨破了，哪能禁得住北方凛冽的寒风。于是，她便决心给丈夫做身寒衣亲自送去。只见棉花厚厚地絮，针线密密地缝，孟姜女把思念丈夫的一片深情都缝进了寒衣里。

寒衣做好了，孟姜女告别父母，背着寒衣，踏上千里迢迢送衣的路途。一路上，有时阴雨连绵，泥泞遍地，步履艰难；有时狂风骤起，飞沙走石，天昏地暗；有时山高路险，荆棘丛生，猛兽出没；有时大雪纷飞，冰天雪地，寒风刺骨。尽管历尽艰险，但孟姜女心头仍抱着一个坚定信念：尽快让丈夫穿上寒衣。可是，当孟姜女来到长城脚下后才得知，丈夫在一年前的冬天已经被活活地累死了，尸骨就埋在长城底下。

孟姜女不禁放声大哭。她边哭边双手拍打城墙，高喊着丈夫的名字。孟姜女哭一阵惨死的丈夫，骂一阵残酷的暴君。突然，天空中狂风嘶吼，大海上怒涛翻滚，紧接着，传来天崩地裂般的一声巨响，长城塌陷了一段，从里面露出一具白骨。孟姜女守着这具白骨一连哭了七天七夜，之后拿出寒衣，只见那寒衣缓缓飘起，又渐渐下落，围着孟姜女转了三圈，之后便稳稳落下，覆盖在白骨上……

孟姜女万里寻夫送寒衣的故事，在长城内外广泛流传。长城内外的父老乡亲将农历十月一日孟姜女送寒衣的这一天称为“寒衣节”。每逢十月初一，人们都要用五色彩纸剪裁寒衣，到坟头上将其烧给死去的亲人；也有人将剪制的寒衣悬挂在小树枝上或插在坟头，这样做寄托了人们对故去亲人的思念之情。

（资料来源：https：//www. jianshu. com/p/b2b7b8f5b6be，有删改）

第十二章

过腊月

导语

中国民间称农历十二月为腊月，腊月是年岁之终，古代农闲时人们无事可干，便出去打猎。一是多弄些食物，以弥补粮食的不足；二是用打猎得来的野兽祭祖敬神，祈福求寿，避灾迎祥。据考证，“猎”和“腊”字在古代可以通用，随着时间的流逝，年终这个狩猎的月份渐渐地就被称为“腊月”了。

腊月，正是迎接春节的“前奏曲”，在这个“前奏曲”里有着丰富的内容。首先，要喝腊八粥，然后要扫房、请香、祭灶、封印、写春联、办年货，直到除夕夜。广义地说，过年应该从腊月二十三“过小年”，甚至可以说从喝腊八粥就开始了，一直要过到正月十五元宵节才算结束。而过去一些官宦人家，甚至延至二月二“龙抬头”那一天，年才算过完。

老北京的传统腊月节庆活动也见于民谣之中：“老婆老婆你别馋，过了腊八就是年；腊八粥过几天，哩哩啦啦二十三；二十三糖瓜粘，二十四扫房日，二十五做豆腐，二十六去割肉，二十七杀公鸡，二十八把面发，二十九蒸馒头，三十晚上熬一宿，大年初一去拜年。”这首广为流传的民谣概括地描述了从腊八到大年初一人们忙忙碌碌过节的情景，过腊月就是为过春节做准备。

节庆活动

喝腊八粥

据说，中国人喝腊八粥的习俗始于宋代。每逢腊八这一天，不论是朝廷、官府、寺院，还是平民百姓家，都要熬制腊八粥。到了清代，喝腊八粥的风俗更是盛行。

北京有句俗语云："过了腊八就是年。"腊八节是过年的序幕，而"腊八粥"又称"八宝粥"，里面"五味俱全"，"八宝"含有吉利之意。

清代光绪年间，雍和宫熬制的腊八粥十分有名，大锅能煮上百斤米，皇帝还会派官员来监制。那时腊八粥都要在腊月初七熬，细火慢炖一晚，第二天早上将粥分发给老百姓，同时供奉寺庙里的神佛。

有学者研究，腊八粥并非一定要由八种材料煮成，可以随便放原料，但其中有三样必不可少，即枣、薏米及菱角米。将红枣剥皮捣碎成泥放入粥中同煮，取红红火火的寓意。

如今，在雍和宫内还能看到那一口为皇室、王公大臣和宫内喇嘛熬腊八粥的大铜锅。在民间，腊八粥熬好后会盛入食盒，亲友之间会相互馈赠。现在一些商铺和理发店为了答谢顾客，也为客人准备了腊八粥，这不失为一种与客户增进感情的方式。

泡腊八蒜

腊八这一天还要泡腊八蒜。人们把蒜瓣放到盛有米醋的瓶子里，封起来。到年底，蒜泡得色如翡翠，而醋也有了些辣味，可谓色香味俱全。吃饺子时配上几瓣腊八蒜，那滋味甭提多美了。

在低温条件下，腊八蒜在任何时候都可以腌制，为何偏偏要在腊月初八做呢？据说，蒜和"算"同音，每年腊八，各商号要算总账，结清一年的欠款，债主也从这一天起开始和借债的人打招呼催款了，民谚称："腊八粥、腊八蒜，放账的送信儿，欠债的还钱。"到后来，人们忌讳"算"字，所以每到年底，没人买腊八蒜，也没人卖腊八蒜，家家户户都是自己做。

办年货

北京作为古都，过年的情结更浓，讲究更多。过年之前要做很多准备，要买很多东西。首先是准备熬“腊八粥”时用的腊八米，泡“腊八蒜”用的米醋和大蒜，腊月二十三要买祭灶用的关东糖，接着开始准备猪肉、羊肉、鱼、鸡鸭，以及猪头和猪下水（猪的内脏器官），等等。那时北京反季节菜很少，到了冬天，只有丰台花乡十八村能产少量的黄瓜和韭菜等。黄瓜每两条一对，内裹绵纸，外用蒲包包装，价格有时高到每对一块银元，一般市民不敢问津。芹菜、菠菜及类似蒜黄的青韭就是不错的过年菜了。酱八宝菜、酱瓜，过年时必不可少。用瘦肉丁炒制的“酱瓜丁”是老北京人春节最喜爱的小菜，用来下酒或就着吃馒头都很适合。

过年最大的事就是吃。老北京人的过年歌中唱道：“二十六炖大肉，二十七杀只鸡。”在老北京，该吃的没吃，就等于没有过年。月盛斋的烧羊肉、天福号的酱肘子和猪蹄，还有米粉肉，都是老北京人过年时爱吃的。很多人只知道稻香村是做糕点的铺子，其实稻香村也有粉肠、蒜肠、松仁小肚，这些也是老北京人过年家里必备的年货。

水果类年货主要是山里红、冻海棠、冻柿子、苹果、鸭梨和柑橘等。年糕、月饼、蜜供，以及走亲戚要带的点心匣子，也要在节前装好。有一种吃食是北京人过年必备的，这就是“杂拌儿”。杂拌儿分粗细两种：细杂拌儿相当于今天的什锦果脯；粗杂拌儿里也有一些果脯，但是还要加花生粘、核桃粘、杂色糖豌豆、葵花籽、倭瓜籽、榛子、金糕条、桃脯条和糖制冬瓜条等十几种吃食。

杂拌儿也常用来馈赠亲友。在老北京的东安市场、百货大楼等干果店常出售盒装的“蜜饯果脯”，包装精美，美味可口。

杂拌儿作为必备的“年货”，往往在腊月就准备好了，并已成为除夕守岁及招待来拜年的亲友的食品。即使在经济困难时期，政府也千方百计给百姓供应这些应节的小食品，以传承过年的古老民俗。

除了杂拌儿，还有一样年货叫蜜供。它可是春节的领衔供品，也是北京传统的应节糕点。蜜供是敬神佛以及祖先时的供品之一，因它是蘸了蜜糖的一种糕点，故称“蜜供”。

在老北京的民俗中，如过年时没有蜜供来祭神，就显得寒酸，是对神的不敬。即使穷苦的人家，佛龛前也少不了这种供品，只是蜜供尖大小和多少有不同而已。

蜜供尖就是用蜜供条叠垒成的似小塔状的蜜供塔，大小不一，高矮不等，不论斤，而是论“堂”卖。大小由买主决定，一般每“堂”五个，小型的有每堂三个的。塔尖上插着写有“福”“寿”“禄”“喜”“财”等字的签子。

在每年一进腊月，各糕点铺都会早早拿出写着“本店专门定做蜜供”的招牌，挂在门口。一般人家是现钱订货。在腊月中下旬时，由糕点铺专人挑着四尺来高的两个大圆笼（圆笼上面盖着两块黄布，圆笼周围写有糕点铺的名字），将蜜供送到购买者家的佛堂里。这种送蜜供的挑子，过去在大街胡同常可看到，成为旧京一景。

旧时糕点铺还出售一种叫“蜜供坨”的蜜供糕点，就是把搭蜜供塔时剩下的碎条粘到一起制成的，价格比较便宜，很受老人和孩子的喜爱。

在过去，拜年时带上一包茶叶和两瓶酒是一定少不了的礼数。茶，必须得是茉莉花茶，老北京人就爱喝这一种茶。据说，最初是因为北京水质的缘故，用其泡绿茶、红茶和乌龙茶都香淡味寡，加之绿茶产于南方，运到北方时已不能保证味道，因此北京人只习惯喝茉莉花茶。在清朝时，慈禧太后就对茉莉花茶情有独钟，还经常将其作为礼品送给外国使节。久而久之，老百姓也认定了这个味道。年前到茶叶铺子买二两茉莉花茶，店员给包成精致的小包，拎着方便，看着有面儿。

最有名的点心铺当属稻香村了，牛舌饼、沙琪玛和枣糕等都是北京人自家储备和赠送亲友时少不了的点心。另外，“京八件”也是很多人家必备的年货。“京八件”就是八种形状和口味的京味糕点，以枣泥、青梅、葡萄干、玫瑰、豆沙、白糖、香蕉和椒盐等八种原料为馅，用油、水和面做皮，以皮包馅，烘烤而成。据说“京八件”是清宫的御膳房始创的，后来流传到民间。

对于孩子们来说，果脯一定是春节期间吃得最多的零食，其酸甜适中，果味浓郁，所以家长也不担心孩子吃得太多。如今条件好了，像夏威夷果、巴旦木、榛子和开心果等以前吃不到的干果也成了常见的零食。

穿戴方面，旧时过年时都讲究穿新衣，戴新帽。经济条件不好的，即使以旧改新，也要在过年时给孩子换上“新”衣服。有一则谚语这样说：“新年到，新年到，女孩儿要花，男孩子要炮，老太太要棉袄，老头还要买毡帽。”可见要买的穿戴用品很多。很多日用品也需在年前添置。各种玩具，也是节日一大亮点，有炮仗、灯笼、蜡烛、风筝、空竹和走马灯等。

这时节，大小商家也忙碌起来。那时候大家买东西都喜欢到庙会或集市，因为那里商品品种多，价格低。崇文门外的花市曾是老北京南城卖年货的中心，大街两侧摆满了节日商品，到处都是吆喝声、砍价声，沸沸扬扬，好不热闹。节前商品的价格都比平时稍高一些，尤其是鲜活商品，民间有“腊月水土贵三分”的说法。

请神龛

神龛，指的是放置神像、佛像、祖先像和灵牌的小阁子。老北京人过年都要在家里供奉财神、土地神以及灶王爷等大大小小的神仙，供奉神灵就要把神灵“请”到自己的家里来。所“请”的神一般都是与家庭生活紧密相关的主管神灵：灶王爷是“一家之主”，每个家庭都要供奉，这是必须要“请”的；做买卖的人家希望发财，所以要“请”一张财神像；没有孩子的人家盼望着子孙满堂，就“请”一张“送子张仙像”；人口多的家庭容易发生口角，就“请”一张“和合二仙像”，以求家庭和睦。

神龛的种类很多，以满足不同经济条件人们的需求。有钱人家买的神龛一般是木雕的，做工十分精美，但是价格贵，一般人家用不起。后来就出现了纸糊的神龛，这就便宜多了。而穷人家一般都是买几张当时称为“神码子”的木版水印的神像贴在屋子里。

在春节之前，琉璃厂的多家南纸店（卖文房四宝的店铺，过去以卖南方地区产的宣纸闻名）和年货摊儿上都有神像出售。纸质的神像一般到了年底就烧掉，再另“请”一张新的贴在墙上。木制的神龛一般可以永久供奉，纸糊的神龛一般能用上两三年。

吃关东糖、糖瓜

关东糖是古老的传统甜食，也是祭灶神的祭品，是用麦芽和小米熬制而成的，又粘嘴又粘牙，乳白色。制作时把它抽为长条形的糖棍就称为“关东糖”，拉制成扁圆形的就叫作“糖瓜”了。这两种形状不同的糖食的品质和味道是一

样的。在旧时的北京，一年中，只到临近腊月二十三才有小贩挑着担沿街叫卖关东糖。

老百姓腊月二十三送灶王爷升天，千叮咛万嘱咐灶王爷上天要多说好话，保佑一家平安，但尽管如此还是担心灶王爷在玉皇大帝面前说坏话，于是想出来一个用关东糖把灶王爷的嘴给封上的办法。因此每到送灶王爷升天时，各家各户都要买关东糖或糖瓜摆在祭案上。祭灶之后这些麦芽糖便成了孩子们的最爱。吃灶糖是过年前的一大享受，香甜的糖黏附在牙齿上，似乎延长了享受快乐的时光。

祭灶

祭灶里的“灶”是“灶神”的意思，“灶”原指用土块或砖或金属制成的做饭的设备。旧时，差不多家家户户的厨房里都设有灶王爷的神位，人们称这尊神为“灶君司命”，他负责管理各家的灶火，作为保护神而受到一家人的崇拜。灶王爷的神龛大都设在灶房的北面或东面，中间供上灶王爷的神像。没有神龛的人家，就把灶王爷的神像直接贴在墙上。有的神像只画灶王爷一人，有的则画男女二人，女神被称为“灶王奶奶”。灶神是中国民间最富代表性、最有广泛群众基础的神，寄托了中国劳动人民辟邪除灾、迎祥纳福的美好愿望。

腊月二十三祭灶，是迎接春节的序幕。所谓“二十三糖瓜粘”，说的就是民间祭灶的习俗。因灶王爷腊月二十三日焚化升天去了，所以这一天要“请”一张新的灶王爷像贴上，以保平安。

祭灶在晚饭后进行。老北京有个说法：女不祭灶，男不拜月。祭灶的男主人，将炉火升旺，在供桌上摆设关东糖、糖瓜、南糖三碗至五碗，清水一碗，草料（含切成寸段的谷草以及黑豆、玉米粒）一碟。讲究一点的人家，再供上一碗糯米莲子八宝饭。祭祀开始时，点燃祭祀专用的羊油小红蜡，蜡扦下面压着金纸钱、纸金银元宝。

上香后依尊卑长幼，依次三叩首。男主人祭灶后，女主人和小孩才可以跟着三叩首。之后全家人面对灶王爷肃立几分钟。当小红蜡烛燃到根儿时，男主人再次叩首，低声说着“上天言好事，下界保平安”之类的话，孩子跟在妈妈后边也再叩首。

祭毕，把关东糖等所有供品撤下，剁碎，先将碎糖向灶内投一小块儿，称作粘灶王爷的嘴，剩下的碎糖由全家分吃，接着把灶君像和金纸钱等都拿到院里，放进事先预备好的铁盆里，由男主人点燃柴火烧掉。

传统说法中，“灶君司命”能保家家户户诸事顺利，健康平安。这天晚上，他要上天去“汇报”这一年这一家人的情况。所以无论贫富，家家出于敬畏，也含有“讨好”的意思，都要举行送灶王爷上天的祭灶仪式。

随着时代的发展，祭灶已成为历史名词，但每年的腊月，超市和农贸市场上还能看到糖瓜的影子，看到它时，老人们还能回忆起当年祭灶的情景。

扫房

在老北京城，流传着一句民谚：“二十四扫房子。”意思是在腊月二十四这一天，家家户户都要清洗各种器具，拆洗被褥窗帘，彻底打扫庭院，为迎接春节做准备。腊月二十四也因此被称为“扫房日”。

老北京人认为，扫房是扫除污秽、晦气和穷困的一个重要活动。大户人家的主人要指挥仆人扫房，普通的家庭则是全家老少一起动手干。先要把室内的家具都搬到院子里，对室内的墙角、屋顶上的吊灰和蜘蛛网进行清理，揭掉墙上的旧年画，粉刷或裱糊墙面，再贴上新的年画。

搬到院子里的家具都要擦拭一遍，特别是衣柜上的铜拉手、铜合页和铜锁等铜制品，都要擦得锃光发亮。对香炉和供碗等祭祀用的器皿更是不能马虎，要擦得一尘不染。

扫房之后，家里焕然一新。亮洁的家具，加上鲜艳夺目的春联、活灵活现的门神、精美的窗花、五彩的年画以及神龛上丰富的供品，展现出欢欢喜喜过大年的景象。

丢百病

在北京地区过春节有一种辞旧迎新的特殊风俗，叫作“丢百病”，就是在年底之前，将一年来吃剩下的各种药品全都收集起来，抛弃到门外去，并且还要把家里所有的药方子也都收集起来，一起烧掉，这叫作“丢百病”，借此表示丢弃所有的病痛，祈盼自己和家人在新的一年里百病不侵，身体康健。

“丢百病”一般在腊月二十四进行，因为这一天是传统的“扫房日”。还有一个关于“丢百病”的风俗：人们吃中草药要用砂锅进行煎熬，按照规矩，药锅只许借不许还，也就是说自己的家里没有药锅，需要使用的时候可以到街坊家里去借，用完之后，不能够给人家还回去，要等人家来讨要。到年底了，家中所有借出去的东西都要讨回来，唯有药锅不往回收。

蒸馒头

老北京人过年不兴动火，要提早发面蒸馒头，几乎要把整个正月吃的干粮都预备出来，再做出炖肉和炸丸子等几盆子菜，就不用每天做饭了，腾出工夫去厂甸、东岳庙和白云观等各处逛庙会和游玩。腊月二十八这一天就发面，准备正月初一到初五的主食。

蒸馒头要发面，一般都是提前一天发，然后盖上棉的被子，保持温度，促其快发。腊月二十八这一天，人们早早地吃过早饭，然后就开始蒸馒头了。馒头的好坏主要看其颜色和味道，面揉好后第一轮是蒸枣馒头：将每一个馒头揉好后，在上面用两个手指掏一个小洞，然后插入一块切好的枣肉，再在四面也这样做，整个馒头上有五块枣肉，象征年年有“福”。接下来要蒸花样馒头，花样馒头有佛手、金鱼、小兔子、小刺猬、鲤鱼、猪头和宝葫芦等形状，都做得活灵活现的。此外，还有花卷、豆包。做这些东西一般要花一整天时间。馒头一定要蒸好，这可是家里的“脸面”。因为在过去，精心准备好的馒头是要摆上供桌的，等到大年初一有人拜年时，就会对着馒头“品头论足”。因此，馒头一定要做得又好看又好吃，这才有面子。蒸馒头重在一个“蒸”字，也是为了讨个口彩，希望在新的一年里，家里的日子“蒸蒸日上”，越过越好。

贴窗花

窗花是贴在窗纸或窗户玻璃上的剪纸，据考证，老北京的这个风俗来源于宋

代的“贴道酉”。道酉，又称道有，是老北京过年时器物上贴的一种用黄表纸砸制成的“钱币”，长三寸，宽两寸，下端剪成两个斜尖，成燕尾形，共砸上九个小“圆钱”，另用红纸剪成一个小方块，涂上金粉再印“福”字，贴在上端。过年时，商家的幌子、钱柜，居民的器物，甚至马车和生产工具上都贴道酉。后来就有“腊月二十九，家家贴道酉”的老北京民谚。

后来这一贴道酉的年俗就变成贴窗花，贴“福”字了。窗花的内容反映的多是求福、迎财、吉祥和增寿等寓意，如有“五福临门”“聚宝盆”“招财进宝”“吉祥如意”“金玉满堂”“福寿康宁”等图案。在剪纸窗花中，最具特色的是“肥猪拱门”，此图案多用黑、红和黄等色蜡光纸套刻的形式体现。

昔日的老北京，春节期间家家都贴窗花，若谁家未贴窗花，人们就会猜测这个家庭是否出了事。窗花的样式一般比较自由，外轮廓没有什么限制，常见的图案有双鱼、“福”字。

贴“福”字

“福”字在过去是“福气”“福运”的意思，春节贴“福”字，是人们对未来幸福生活的一种向往，同时也表达了对美好生活的祝愿。在民间，人们为了将这种向往以及祝愿更加充分地体现出来，把“福”字特意倒着贴，借着“倒福”来讨一个“福到”的彩头。

相传这个习俗始于清朝。据说某一年的新年，在恭亲王府中，一位管家龙飞凤舞地写下了一个大大的“福”字，命令仆人贴在门上，但是恰巧这个仆人大字不识一个，竟把“福”字给贴倒了，王爷看到后大怒，管家赶紧叩头说道：“王爷福大、寿高、造化大。如今门上的‘福’字都倒了，此乃‘福到了’的寓意，是大吉大利的征兆。”王爷听后非常高兴，分别打赏了管家和仆人。如今不少人以为“福”字要倒着贴，寓意为“福到”，事实上这是个将错就错的“口彩”。也有民俗学者提出，大门上的“福”字必须是正福，倒着贴可就把福气倒在门外了，屋内的“福”字则要倒着贴。可见，其实不必讲究形式，怎么贴都可以，都能表达对幸福和好运的向往。

贴年画

在老北京，由于家家户户都喜欢在过年的时候贴年画，所以买卖年画的人非常多。每年一进腊月，前门外打磨厂和琉璃厂一带的书画店铺，各庙会上的年画摊儿，街边搭起的卖年画的席棚，还有书店的店堂里，都悬挂起琳琅满目的年画，成为京城一道五彩缤纷的年景。

在北京，早期的年画大都来自天津的杨柳青和河北的武强这两个北方传统的木版年画产地。木版年画多数与“神”有关，如门神、灶王爷、财神等，此外还有美女、娃娃、古代人物和戏曲场景等。到了20世纪40年代，机器的大量印刷使得价格便宜的胶印年画代替木版年画，成为老百姓的首选。与木版年画相比，胶印年画的题材非常广泛，有表现故事内容的，如“司马光砸缸”“许仙送伞”“张生与崔莺莺”“王祥卧鱼”等；有表现吉庆的，如“吉庆有余”“麒麟送子”“花开富贵”“五子登科”等；有表现动物、花卉的，如“白猿献寿”“金鱼戏水”“四季花开”等。人们最喜欢买画面上有鱼的年画，有鱼的意思是连年有“余”，很多人家每年都要买上一张“胖娃娃骑鱼”或是“鲤鱼跳龙门”的年画。到了20世纪50年代，老北京人过年贴年画的习俗仍在，但年画的面貌已经有所改变。从画法上看，综合了国画、油画、水粉画以及摄影等艺术形式的特点；从内容上看，多为表现生产劳动、新人新事新风貌的画面。

这些年，作为传统的贺年方式的年画，离人们的生活已越来越远了，有的年轻人已经不熟悉这一传统的贺年方式了。

贴门神

贴门神是中国传统节庆文化的一项活动。古人创作了丰富多彩的门神画像，用来除魔镇邪。

据考证，早在汉代，民间崇拜神荼和郁垒二神，认为他们能驱邪避凶。老百姓每到除夕就把桃木削成神荼和郁垒的形象，将它们立在门上。因为雕刻人形太麻烦，魏晋南北朝以后就简化成在桃木板上写上神荼和郁垒二神的名字，然后挂在门上，这就是“桃符”。

到了唐末五代时，门神这个位置给了钟馗。相传，钟馗是唐朝雍州终南（今属陕西西安市无为县）人。他文武双全，在唐武德年间去京城应试。本来他是能够金榜题名的，可是主考官见他长得太丑，怕皇上责怪，不予录取。钟馗觉得无颜面对家乡父老，愤而撞死在大殿台阶上。钟馗在人间因长相太丑而吃了大亏，可是在阴间却很吃得开，因为他本来就有一身好武艺，加上他的长相能让恶鬼退避三舍，所以成为驱鬼镇鬼的神灵。

据记载，唐玄宗在一次外出巡游后忽然得了重病，用了许多办法都没治好，一天夜里，他梦见一个穿着红色衣服的小鬼偷走了他的珍宝，他愤怒地斥责小鬼。这时突然出现一个戴着破帽子的大鬼，把小鬼捉住并吃到肚子里。玄宗问他是谁，大鬼回答说：“臣本是终南山进士，名叫钟馗，由于皇帝嫌弃我长相丑陋，决定不录取我，一气之下我就在宫殿的台阶上撞死了，死后我就从事捉鬼的事。”唐玄宗从梦中醒来后病就好了。于是他命令当时最有名的画家吴道子把梦中钟馗的形象画下来。钟馗面目狰狞的形象深入人心。世人眼中的钟馗形象是豹头环眼，相貌奇异，可是他为人刚直，不惧妖怪。在民间，关于钟馗捉鬼的故事还有很多，他作为捉鬼之神的地位就逐渐确立下来了。一到岁末，家家户户都在门上张贴钟馗的画像，以驱鬼辟邪。

到了宋末，钟馗的地位得到“提拔”，被挂进了房屋中堂，门神的位置又空了出来，这才有了秦琼和尉迟敬德（“尉迟”是复姓）的补位。

尉迟敬德和秦琼都是唐朝开国功臣，武艺超群。据说，唐太宗因在“玄武门之变”中杀了自己的亲兄弟，被鬼魂所扰，患上了失眠症。这时秦琼自告奋勇，推荐自己和尉迟敬德在夜里为太宗守门，保证太宗能宽心睡个好觉。这一夜，太宗果然睡好了。太宗念二将日夜辛劳，便让宫中画匠绘制二将披甲持械的戎装像，悬挂于宫门两旁，替代真人。画像上的二人手持剑戟，怒目发威，特别有震慑力。明清以后，北京居民家的门神多是这二位的神像。

在北京的民宅中，秦琼与尉迟敬德二位门神的神像样式非常多，有坐式，有立式，有披袍的，有骑马的。因为门联与门神都贴在门之左右，于是人们在二位门神的左右添上了一副对联，上书“昔为开国将，今作镇宅神”，来表达对他们的敬仰。

过去，北京是政治、文化和商业的中心，全国各地的官宦、文人和商贾来到北京的同时，也带来各自家乡的门神。所以，在北京民宅的大门上，各地的门神应有尽有，并不局限于一种门神。关羽、张飞、赵云、包公、穆桂英、岳飞和文天祥等各路豪杰，都曾成为百姓家的门神，受到人们的敬仰和崇拜。

贴春联

春联，又叫春贴、门对、对联，是过年时所贴的红色喜庆元素“年红”中的一个种类。它以对仗工整、简洁精巧的文字描绘美好形象，抒发美好愿望，是中国特有的文学形式。贴春联是中国人过年的一个重要习俗。当人们在自己的家门口贴春联和“福”字的时候，意味着过春节正式拉开了序幕。

春联起源于古代的桃符，古人认为挂桃符能驱鬼辟邪，后来挂桃符渐渐演变成了贴春联。

春节贴春联的民俗起于宋代，并在明代开始盛行。春联大都在红纸上书写，据说是因为吃人的鬼怪害怕红色。

老北京把贴春联称为“贴对子”。清末民初，一到腊月二十，街上就有卖春联的摊儿了。春联摊儿一般设在店铺的屋檐下，摆一张高桌、一个凳子，准备一些大红纸和笔墨，现写现卖，立等可取。摊儿上的对子大小尺寸不一，内容大都与吉、庆、福、喜、禄、寿有关。

春联的种类比较多，按照使用场所，可分为“门心”“框对”“横披”“春条”“斗斤”等。“门心”，贴于门板上端中心部位；“框对”，贴于左右两个门框上；“横批”，贴于门楣的横木上；“春条”，根据内容的不同，贴于相应的地方；“斗斤”，也叫“门叶”，为正方菱形，多贴在家具和影壁（中式建筑中院内遮挡视线的墙）上。

贴春联的方法是，面对大门时，上联在右，下联在左，因为古时直书（从上往下书写的方式）是从右向左读的。

旧时的春联是由擅长书法的人一幅一幅写成的，而现在超市里的春联是由机器成批印刷出来的，制作的方式改变了，可作为节日文化符号的功能没有变。

在爆竹声中，家家户户把用大红纸写成的春联贴到门框上，节日的气氛马上就有了，春联成了一种在春节时必有的“装饰物”，成为这个节日的一种文化符号。

戴绒花

受满族文化影响，旧时每逢春节将至，老北京人也有戴绒花的风俗，这些绒花也被称作“宫花”，曾流行于清宫。此习俗一直流传到新中国成立之初。过去人们的衣着装束较为朴素，不会打扮得花枝招展，但到了过春节时，人们也要美上几天。此时，妇女们会换上新衣裳，再买朵绒花佩戴在头上。

绒花大多是用丝或绢做的月季花、蝴蝶花，红绒布做的石榴花、凤凰或双“喜”字等，价钱不贵，老百姓都买得起。每逢年根儿，北京的花市专卖绒花，而且品类齐全，也有小贩推着车走街串巷地叫卖。小姑娘和小媳妇爱买艳丽点的，年纪大的以买一色红的石榴花为多，就是八十岁的老太太也会戴一朵小绒花。旧时春节，老北京民间还有“姑娘爱花，小孩爱炮，老头爱顶新毡帽”的俗语。买朵绒花过新年，曾是老北京的一种节庆风俗。

北京城的老人们大都知道东花市曾有个北京绒鸟厂，如今它早已不在，现在掌握绒制品技艺的人也不多了。

吃年夜饭

年三十晚上的年夜饭是老北京人家一年中最重要的一顿饭，又称“团年饭”。人们非常重视年夜饭，不管多忙，路途多远，三十晚上都要赶回家和家人团聚，吃这顿团年饭。如果有人确实赶不回来，家人也要为他留出一个位子，摆上一双筷子、一个碗，意为全家人聚齐了。

这一天是主妇们在厨房里最忙碌的一天。在北京，大年初一的饺子也要在三十晚上包出来，这时家家户户的砧板都在“噔噔噔”地忙着剁肉、切菜。桌上摆上一大盘苹果，这叫作“平平安安”。在北方，有的人家桌上还要摆上一盆饭，年前烧好，要供过年，叫作“隔年饭”，是年年有剩饭，一年到头吃不完，今年还吃昔年粮的意思。这盆隔年饭一般用大米和小米混合起来煮，北京俗话叫“二米子饭”，即“有金有银，金银满盆”的“金银饭”。不少地方在守岁时准备糕点及瓜果，都是想讨个吉利的口彩：枣（春来早），柿饼（事事如意），杏仁（幸福人），长生果（长生不老），年糕（一年比一年高）。除夕之夜，一家老小，边吃边乐，谈笑畅叙，共享天伦之乐。

北京人一进腊月就开始准备美食在过年时食用，北京人称之为“年菜”。腊月天气寒冷，食物不易腐坏，提前做菜不仅是为了省时省事，还因为老北京有个老理儿：初一不能动刀。

在过去，腊八粥、炸豆腐、炖羊肉等，都是春节的美食；蜜供、杂拌儿和沙琪玛等，也是北京人家中必备的食物。

老北京的除夕年夜饭讲究四凉、四热、四肉、四汤菜，要有“四四见底”的席面。所谓“四四见底”，讨的是一个四平八稳的寓意。

四凉菜：炸咯吱、芥末墩、肉皮冻、五彩花生米。

四热炒：红烧鲤鱼、葱烧海参、清炒虾仁、烩鱿鱼菜。

四肉菜：米粉肉、四喜丸子、红焖肘子、回锅肉。

四汤菜：烩三鲜、奶汤干丝、玉米全烩、八宝涮锅。

此外还有一些讲究：除夕夜一定要吃鱼，鱼还得是鲤鱼，鱼既是美食，也是供品；要有一个火锅，意思是日子过得红红火火；还要上一盘萝卜丝，俗称“菜头”，祝愿来年有好彩头；最后多为一道甜食，以拔丝苹果居多，祝福往后的日子平平安安，甜甜蜜蜜。荸荠也是很多人家必买的食材，因发音与“毕齐”谐音，希望家人团聚，老幼都在，幸福吉祥。

旧时老北京还有一个讲究，饺子不在年三十吃，而是在初一吃。吃完年夜饭，全家一起动手，一边聊天，一边包饺子。有的饺子里还要放上一枚小铜钱，吃到铜钱的人被看作是有好运的人。

老北京的年夜饭一般从掌灯时分（大约是傍晚 6 点）入席，一直持续到午夜，即夜里 12 点，或至天明。

吃咯吱盒儿

咯吱盒儿是常见的一道年菜。据说，京杭大运河通航后，船工们从山东带回酥脆的煎饼，过了一段时间，煎饼变得皮软了，有人就把煎饼卷成卷儿，切成段，下油锅炸，这样吃着又脆又香。过年时，咯吱盒儿不仅可做点心用来招待客人，还可以做汤，做馅儿。

吃芥末墩儿

北京人大都会做芥末墩儿。芥末墩儿吃起来辣味蹿鼻，恨不得眼泪都流出来，嘴里却爽脆甜香，叫人欲罢不能，这是用来佐酒和开胃的凉菜。节日中人们食用油腻食品多，易于生火、生痰，吃些凉菜可以去火、去痰。

踩岁

踩岁是一种民间习俗，除夕子夜时，孩子们拿到长辈给的压岁钱后，纷纷到屋外去踩芝麻秸。院内地上铺满了芝麻秸，孩子们将其踩碎，噼啪作响，称为“踩岁”。

旧时老北京除夕也有“踩岁”的风俗。

传说天上的“扫帚星”是“灾星”，是姜太公的老婆，姜太公得道前她嫌丈夫贫穷，撇下姜太公跟了一个屠夫走了。后来姜太公成了周文王的座上宾，并掌握了封神大权。他老婆听说后跑来求太公赏她一个神位，姜太公封了她“扫帚星”。据说这妇人害怕一切张开嘴的东西，磕掉了芝麻后的芝麻秆儿，一身满是张着嘴的壳，“灾星”看到后就不敢来了。

守岁

守岁，就是在除夕晚上不睡觉，一直守候到大年初一来临。守岁是从吃年夜饭开始的，这顿年夜饭要慢慢地吃，有的人家一直要吃到深夜。通宵守夜，象征着把一切邪瘟病疫照跑驱走，期待着新的一年吉祥如意。

年三十守岁，俗名“熬年”。相传，在远古时代，有一种凶恶的怪兽，人们叫它“年”。每到腊月三十那一天，“年”就要从海里爬出来伤害人畜，毁坏田园。人们为了躲避它，腊月三十晚上，天不黑就早早关紧大门，不敢睡觉，一直要等到天亮。为消磨时光，也为壮胆，人们就喝酒。等到初一早晨，“年”不再出来，人们才敢出门。后来人们知道了“年”怕红、怕光、怕响声，于是每至年末岁首，家家户户都贴红纸、穿红袍、挂红灯，并敲锣打鼓，燃放爆竹，这样“年”就不敢再来了。

旧时老北京守岁时，娱乐活动比现在丰富得多。大人们打麻将、下棋、打纸牌，小孩们则点灯笼、放鞭炮、玩升官图。玩升官图曾经是非常流行的年俗，参与者各用一枚棋子，先从白棋开始，轮流转动陀螺，根据陀螺停止转动之后显示的字，移动棋子，同时要按照棋盘上的判词来决定是升迁还是贬黜。家长常鼓励小孩玩这个游戏，希望借这个游戏刺激小孩读书上进，早日步入仕途。

现在很多家庭依然会以打麻将和玩扑克牌等方式守夜。此外，收看春节联欢晚会也成了守夜的一种方式。

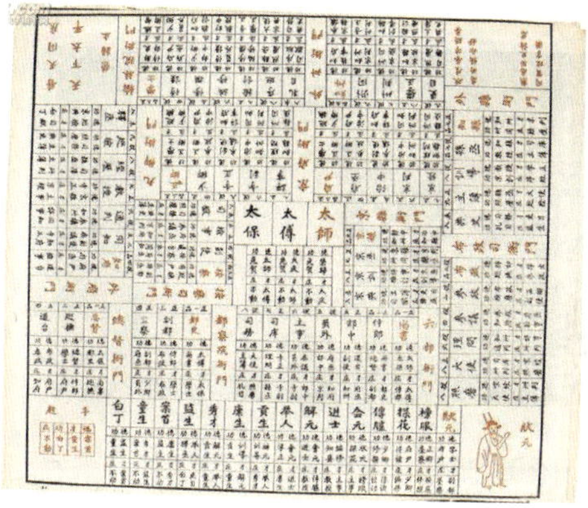

升官图棋盘

陀螺

送财神爷

老北京过年前有送财神爷的习俗，这是除夕守岁的一项重要内容。穷人家的孩子会弄一些价格低廉的财神像去送，这种画像一般是由一些小作坊水印而成的，一尺见方，画的是叫“比干”的财神爷，头戴乌纱帽，长须，端坐在案几后面。到了腊月三十黄昏时候，孩子们会挨家挨户去送财神爷，在大门口喊一声："送财神爷来啦！"各家主人无论如何也要出钱来"接"。有时一家要"接"好几张，因为财神爷来了是不能往外推的。如果不想再收了，也不能说不要，而要和声细语地说"已经'请'到了"。凡被接进家的财神爷像，到了初二祭祀财神时都会被烧掉。

放鞭炮

鞭炮，又称爆竹、炮仗，过去是作为除邪驱鬼、祭神的用品，后来用于过年、结婚和开张等喜庆场合。

春节放鞭炮，最热烈的时候有两次，一次是大年初一午夜子时接财神时，一次是正月初五"崩穷鬼"时。老北京俗话说"过年了，姑娘带花，小子放炮"，可见老北京人把放鞭炮当作家里一件重要的年事去操办。老北京人过年期间放鞭炮，主要是在祭灶、接神、祭财神、顺星、开市和送神等仪式上。老北京一进腊月，市区就开了临时的"花炮市"。花炮历来是年前的热销产品。有的时候，城内的茶叶铺中也代销各种花炮。清末民初，北京城内所售花炮种类繁多，常见的有鞭炮、麻雷子、二踢脚、旗火、炮打灯儿、太平花和花盆。燃放爆竹的时间已不限于大年初一清晨，除夕夜即开始，子夜零时达到高潮，俗称"迎神"。这时，无论贫富贵贱，家家户户都要出门放鞭炮。这一习俗一直延续至20世纪90年代，直到政府出台了禁止燃放烟花爆竹的规定。现在，北京五环内全面禁放烟花爆竹了。

给压岁钱

除夕夜吃完年夜饭，长辈要给小辈压岁钱，以祝福晚辈平安度岁。民间认为把压岁钱给孩子，能保孩子平安，逢凶化吉。

相传古时候有一种小妖，名字叫"祟"，每年的年三十夜里出来害人，它用手在熟睡的孩子头上摸三下，孩子就会得病发烧。人们怕祟来害孩子，就点亮灯火，团坐不睡，称为"守祟"。在嘉兴府有一户姓管的人家，夫妻俩老年得子，视为掌上明珠。到了年三十夜晚，他们怕祟来害孩子，用红纸包了八枚铜钱放到孩子的枕头边，守着孩子，不敢合眼。到了半夜，一阵狂风吹开了房门，吹灭了灯火，那小妖随即出现。当它摸孩子的头时，孩子的枕边迸出一道亮光，祟急忙缩回手，尖叫着逃跑了。管氏夫妇把这件事告诉了大家，大家也都学着在吃过年夜饭后用红纸包上八枚铜钱交给孩子放在枕边，果然以后祟就再也不敢来害小孩子了。原来这八枚铜钱是由八仙变的，他们暗中帮助孩子，把祟吓跑了。从此，人们把这钱叫“压祟钱”，又因“祟”与“岁”谐音，随着岁月的流逝，“压祟钱”就被称为“压岁钱”了。

现在长辈给晚辈压岁钱的习俗仍然盛行，压岁钱的数额从几十元到几百元不等。

实践与互动

一份给长辈送礼的宝典

春节是中国最大的一个节日，过年家人团聚都要给长辈准备一些礼物。那现在中国人都给长辈准备一些什么春节礼物呢？

这是一份给长辈送礼的宝典：

1. 保健方面，可以选择按摩椅、保健枕、足疗仪等；
2. 营养方面，可以选择人参、保健酒等补品；
3. 品味方面，可以选择书画、文房四宝、茶艺器具等；
4. 娱乐方面，可以选择旅行机票或车票、艺术展览门票、戏曲表演门票等；
5. 健身方面，可以选择太极拳或其他运动方面的书籍、光盘；
6. 家务方面，可以选择家居用品、厨具等。

说说你了解的其他国家过重大节日时晚辈一般送长辈什么礼物。

延伸阅读

从我家年夜饭的变迁说起

我母亲是一个年过花甲的退休教师，听她说，60多年来，随着时代的变迁，每个时代的年夜饭都不尽相同。

20世纪50年代，妈妈在浙江海盐县的外婆家过年，年夜饭虽有大米饭吃，但因为大米不太多，所以蒸笼上还要蒸一些南瓜、红薯等。60年代，妈妈在山西太原读书。三年困难时期，过年凭票供应每人二两肉（还要排长队购买），混合几棵大白菜，剁馅包饺子，水开下饺子，煮熟了就是年夜饭。平常只能吃小米稀饭和玉米面做的窝窝头，难得吃到白面，更不用说大米饭了。七八十年代，妈妈回到南方生活，平时省吃俭用的她，年夜饭也只能千方百计把普通的蔬菜变出个六冷盘、八热碗的给幼年的我，图个“食全食美”，来年万事如意。90 年代以来，物资供应丰富，取消了各种票据，鸡鸭鱼肉是年夜饭的重头戏。尤其是 21 世纪以来，我家的年夜饭开始升级。我们会去超市购买一些平时买得少的食材：板鸭、香肚、烧鸡、熏鱼、海蜇丝……有时也会去饭店享受一下饭店年夜饭的气氛，但大多数时候还是自己在家忙着蒸、烧、煮、煎，一连几天，忙忙碌碌准备着年夜饭。鸡鸭鱼肉一连吃十几天，吃得我现在都不想吃了。后来网购风很热，这阵“热风”也把我们一家人“席卷”了进来，我家的年夜饭就在网上订购，或买些半成品放在家里，自己吃和以备正月里待客用。

说实在话，我家“年夜饭”的变迁，只是全国人民“年夜饭”变迁的一个缩影。现在家家生活好，天天似过年，年夜饭追求的只是一种全家人团圆的“聚餐”形式，一种中国人欢娱庆祝的形式。有的人家追求春节在外旅游，吃“年夜饭”便是品尝异国他乡的美食；有的人家热衷回味“乡愁”的味道，吃“年夜饭”便是品尝农家饭菜；现在，更多的人，不再图省事到酒店吃“年夜饭”，而是回归到亲手操作，亲人合作，共同烹制一顿充满天伦之乐的“年夜饭”……

年夜饭的变迁见证着半个世纪以来，尤其是改革开放以来中国人民生活状况的巨大变化，广大普通人民生活的改善和提高，见证了国家经济和综合实力的飞速增长。众所周知，过去计划经济下物质匮乏，凭票供应是不得已之举。改革开放解放了生产力，活跃了市场。过去，年夜饭“有啥吃啥”，后来“想吃啥就吃啥”，现在许多人“无所谓吃啥”了。年夜饭也由只求“吃饱”发展到讲究“吃好”，再发展到追求“吃健康”。这种种变化充分反映了人们文化观念的提升：过去中国人崇尚“民以食为天”，连见面打招呼都是问：“吃了吗？”随着生活条件的改善，生活水平的提高，人民开始关注怎么吃得好了。“吃得好，就要有大鱼大肉”是缺吃少穿年代的观点。近年来，随着“三高”人群的增多，人们逐渐意识到，吃，也要讲究“健康”，于是，对绿色、生态和环保的饮食习惯的追求和养成，便成为人们的新时尚、新理念。“年夜饭”回归“俭省、绿色、健康”势在必行。人们不再讲究吃，不再为“年夜饭”的物质享受忙碌得筋疲力尽，而是更讲究精神上的享受，讲究身体的健康和锻炼：中央电视台的“春晚”是一道全国人民共享的“年夜饭”，看电影和读书看报是“年夜饭”，散步、骑车、健身、外出旅游……都是一道道不同风味的“年夜饭”。

年年岁岁花相似，岁岁年年“年”不同。如今，年夜饭已经不再拘泥于满足人们对食物的那种原始的渴求，不再是对平时食物缺失的弥补，它更多地成为一种象征，象征着团圆、幸福和美满，象征着中国人民对新年、对未来的期待。不管今后年夜饭的形式和花样如何千变万化，年夜饭始终传承着中华民族的优良传统文化：爱国、富强、文明、和谐。

（资料来源：黄山文明网，2015 年 1 月 28 日，江春撰稿，有删改）

主要参考文献

［1］果鸿孝．北京史话［M］．北京：社会科学文献出版社，2011.

［2］金受申．老北京的生活［M］．北京：北京出版社，1989.

［3］常人春．老北京的风俗［M］．北京：北京出版社，2019.

［4］常人春，陈燕京．老北京的年节［M］．北京：中国城市出版社，2000.

［5］刘铁梁．北京民俗文化普查与研究手册［M］．北京：中央编译出版社，2006.

［6］李金龙．北京民俗文化考［M］．北京：北京邮电大学出版社，2017.

［7］北京民俗博物馆编．老北京传统节日文化［M］．北京：商务印书馆国际有限公司，2010.

［8］北京电视台《这里是北京》栏目组．这里是北京：1-6 辑［M］．北京：华艺出版社，2007.

［9］盛锡珊．北京梦华录・市井风俗［M］．北京：故宫出版社，2018.

［10］刘侗，于奕正．帝京景物略［M］．孙小力，校注．上海：上海古籍出版社，2001.

［11］潘荣陛．帝京岁时纪胜［M］．北京：北京古籍出版社，1983.